企业家才能赋能新型农业经营主体研究

赵如 刘懿 谢文君◎著

2023年成都理工大学「双一流」建设哲学社会科学重点建设项目「中国式现代化进程中城乡融合发展的典型样态及推动路径研究（项目编号：ZDJS2023312）」阶段性成果

中国文史出版社

图书在版编目（CIP）数据

企业家才能赋能新型农业经营主体研究／赵如，刘懿，谢文君著 . -- 北京：中国文史出版社，2023.12
ISBN 978-7-5205-4519-8

Ⅰ . ①企⋯ Ⅱ . ①赵⋯ ②刘⋯ ③谢⋯ Ⅲ . ①农业经营－经营管理－研究－中国 Ⅳ . ① F324

中国国家版本馆 CIP 数据核字（2023）第 240052 号

责任编辑：戴小璇

出版发行：中国文史出版社

社　　址：北京市海淀区西八里庄路 69 号院　邮编：100142

电　　话：010-81136606　81136602　81136603（发行部）

传　　真：010-81136655

印　　装：廊坊市海涛印刷有限公司

经　　销：全国新华书店

开　　本：787mm×1092mm　1/16

印　　张：14.75

字　　数：197 千字

版　　次：2023 年 12 月北京第 1 版

印　　次：2023 年 12 月第 1 次印刷

定　　价：45.00 元

目　录

绪论 第一章

1.1　研究背景与研究意义

1.1.1　研究背景

作为一个传统农业大国，我国农业的发展历史悠久。农业一直作为我国的立国之本，在各个历史时期均受到高度重视。新中国成立后，我国一直在探索农业发展的新路径，从人民公社运动转向家庭联产承包责任制，虽然极大地提升了农民生产的积极性，但以家庭为单位生产经营的方式只能是解放生产力，不符合实现农业现代化中发展生产力的要求，仍未能从根本上解决农业发展的问题，其症结在于要培育出适合现代化农业发展的新型主体。

2008 年 10 月，《中共中央关于推进农村改革发展若干重大问题的决定》指出，要发展多种形式的适度规模经营，有条件的地方可以发展专业大户、家庭农场、农业专业合作社等规模经营主体[①]。2012 年，党的十八大报告中指出，坚持和完善农村基本经营制度，培育新型经营主体，发展多种形式规模经营[②]。2013 年，《中共中央关于全面深化改革若干重大问题的决定》指出，坚持家庭经营在农业中的基础性地位，推进家庭经营、集体经营、合作经营、企业经营等共同发展的农业经营方式创新，加快构建新型农业经营体系[③]。2017 年 5 月，《关于加快构建政策

---

① 中共中央关于推进农村改革发展若干重大问题的决定 [N]. 人民日报 ,2008-10-20（001）.

② 胡锦涛 . 坚定不移沿着中国特色社会主义道路前进 为全面建成小康社会而奋斗 [N]. 人民日报 ,2012-11-18（001）.

③ 中共中央关于全面深化改革若干重大问题的决定 [N]. 人民日报 ,2013-11-16（001）.

体系培育新型农业经营主体的意见》指出，加快培育新型农业经营主体，形成以农户家庭经营为基础、合作与联合为纽带、社会化服务为支撑的立体式复合型现代农业经营体系。2020 年 7 月，习近平总书记在吉林省强调要积极扶持家庭农场、农民合作社等新型农业经营主体，鼓励各地因地制宜探索高质量发展路径，肯定新型农业经营主体在带领小农户有机衔接现代农业，提高农业综合经营效益，增强乡村产业内生动力的重要作用。2022 年，党的二十大报告提出"加快建设农业强国，扎实推动乡村产业、人才、文化、生态、组织振兴"①。从中国共产党领导的农业农村发展实践看，实现农业现代化，建设农业强国，就是要在"大国小农"的基础上，大力发展新型经营主体与社会化服务，引导超过 2 亿的小型农户发展现代农业。推进新型农业经营主体的发展思路已成为近一段时期农业发展的共识和重点。

如何推进新型农业经营主体发展？理论界的看法是完善促进农业发展的制度体系、政策支持体系，构建现代农业产业体系，优化人才、资本、管理、技术等现代农业生产要素的配置效率等。然而，在观测现实经验数据时却不难发现，即使面对相同或相似的外部发展环境，经营主体之间也存在一定的绩效差异②。那么，在政策支持、产业体系、要素配置外，导致经营主体间的经济绩效差异的因素还有什么？

理论界的分析可以提供一定的研究思路。奈特认为，在市场和自身双重不确定的条件下，企业家才能可以判断未来的盈利情况并进行决策③。马歇尔提出，只有具有才能的企业家才能将土地、资本、劳动等生产要素有效地组织起来④。舒尔茨认为，发展中国家农业落后主要在于农

① 习近平.高举中国特色社会主义伟大旗帜 为全面建设社会主义现代化国家而团结奋斗 [N].人民日报,2022-10-26（001）.
② 王雅静.企业家才能与新型农业经营主体发展研究 [D].扬州大学博士论文,2021.
③ 弗兰克·H.奈特著.风险、不确定性与利润 [M].北京：商务印书馆,2017.
④ 马歇尔著；朱攀峰，徐宏伟编译.经济学原理 [M].北京：北京出版社,2012.

业人口的素质和能力不高，人力资本积累即企业家才能是农业报酬递增的重要源泉①。张红宇指出，我国农业正处于转型升级的重要时期，打造中国强势农业，企业家是关键少数②。

由此可见，企业家才能是现代农业生产要素中的关键性要素和主动性要素，是农业企业发展的重要保障。对此结论，学术界也已形成一定共识。然而，企业家才能如何影响新型农业经营主体、推动农业高质量发展？如何有针对性地提出培育企业家才能的政策建议，从而保证企业家才能赋能新型农业经营主体的高效性？这一问题的解答无论从理论层面还是实践层面都具有重要的研究价值。

1.1.2　研究意义

（1）理论意义

通过分析现有相关文献，发现分别研究企业家才能与新型农业经营主体的比较多，但是目前学术界对新型农业经营主体企业家才能的研究较少，对于企业家才能赋能新型农业经营主体的内在机制尚需进一步的深化研究。且进一步结合现实案例对内在机制进行解释进而增强理论的现实说服力的研究也较少。因此，本文拟构建企业家才能赋能新型农业经营主体分析框架，并运用案例分析方法分析该问题，以期为进一步的理论研究和政策分析提供参考。

（2）实践意义

党的十九大以来，中央多次提出加快构建现代农业三大体系，培育新型农业经营主体等发展要求，新型农业经营主体数量也经历了"井喷式"增长，但仍存在发展质量不高、经济管理滞后、经济效益不佳等问

---

① 西奥多·W.舒尔茨.报酬递增的源泉[M].北京：北京大学出版社,2001.
② 张红宇.乡村振兴战略与企业家责任[J].中国农业大学学报（社会科学版）,2018,35（01）：13-17.

题。原因就在于新型农业经营主体企业家才能缺失，导致创新能力弱、发展后劲不足。因此从理论和实践两个方面探究企业家才能赋能新型农业经营主体发展的内在机制及路径安排，对于新型农业经营主体高质量发展、加速我国农业现代化进程，建设农业强国提供有力支持。

1.2 研究目的与研究思路

1.2.1 研究目的

通过理论分析、案例分析，揭示企业家才能赋能新型农业经营主体的内在机制，揭示企业家才能和新型农业经营主体之间的内在关系，进而提出推动新型农业经营主体发展的政策参考。

1.2.2 研究思路

本文首先梳理企业家才能和新型农业经营主体的相关概念和文献研究，在此基础上构建企业家才能赋能新型农业经营主体分析框架，分析企业家才能赋能新型农业经营主体的内在机制。回顾企业家才能赋能新型农业经营主体的历史沿革，进一步分析企业家才能赋能农民专业合作社、家庭农场和种养殖大户三类新型农业经营主体的具体案例，最终提出相关的政策建议。研究思路见图1-1。

全书共分为九章，具体安排如下：

第一章：绪论。 主要介绍本书的研究背景，提出问题，明确研究意义；指出研究目的，设计研究思路，选择研究方法；最后阐明本研究可能的创新点和存在的不足之处。

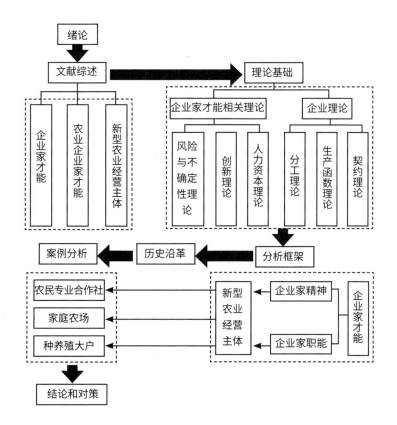

图1-1　技术路线图

第二章：文献综述。从企业家才能、农业企业家才能、新型农业经营主体三方面梳理相关研究，总结已有研究的不足，明确本研究的出发点和学术性，为后续研究作出理论铺垫。

第三章：理论基础和分析框架。交代本研究的核心概念，阐述支撑本研究的理论基础：风险与不确定性理论、创新理论、人力资本理论等企业家才能相关理论和分工理论、生产函数理论、契约理论等企业理论；从企业家精神和企业家职能两个维度分析企业家才能如何赋能新型农业经营主体发展，并进一步将企业家精神划分为创新精神和冒险精神两个部分，企业家职能划分为经营职能和管理职能两个部分。

第四章：企业家才能赋能新型农业经营主体历史沿革。划分为1949—1978 年、1978—20 世纪末、21 世纪初至今三个时间段，回顾我国农业经营主体的发展历史；梳理了企业家才能对新型农业经营主体发展演化历程和发展状况，揭示企业家才能和新型农业经营主体间的动态变化过程。

第五章：企业家才能赋能农民专业合作社案例分析。结合重庆市璧山县蜀都蔬菜合作社实践案例，从创新精神、冒险精神和经营职能、管理职能几个方面剖析企业家才能赋能农民专业合作社发展的内在机理和成功经验。

第六章：企业家才能赋能家庭农场案例分析。结合重庆市忠县仕钦家庭农场发展的真实案例，从创新精神、冒险精神和经营职能、管理职能几个方面剖析企业家才能赋能家庭农场发展的内在机制和成功经验。

第七章：企业家才能赋能种养殖大户案例分析。结合眉山县永丰村水稻种植大户的实践案例，从创新精神、冒险精神和经营职能、管理职能几个方面剖析企业家才能赋能种养殖大户发展的内在机制和成功经验。

第八章：企业家才能赋能新型农业经营主体发展研究：数据检验。通过数据检验来证实企业家才能赋能新型农业经营主体的可行性。

第九章：结论和对策。对本研究的结论进行阐述并提出可行的建议。

1.3 研究方法

根据研究目标和研究内容，本研究采取了理论研究和实证研究相结合的方法。理论研究主要运用文献分析法，实证研究主要采用深度访谈法、案例研究法等。

运用文献分析法整理了中外学者对企业家、农业企业家、企业家才能、新型农业经营主体等核心概念的内涵，在此基础上将企业家才能划分为企业家精神和企业家职能两个维度。厘清了新型农业经营主体发展历史沿革，将其划分为三个阶段，为后文分析企业家才能赋能新型农业经营主体奠定基础。

通过深入访谈和案例分析，对企业家才能与家庭农场、农民专业合作社、种养殖大户三者的关系进行了分析。从农业部等官方媒体搜集典型案例，根据企业家才能赋能新型农业经营主体分析框架编制访谈提纲，对案例中的核心人物进行深度访谈，获取一手资料，着重分析企业家精神核心创新精神、冒险精神等对新型农业经营主体在不同发展阶段的影响，深度探析企业家才能对新型农业经营主体发展的支撑作用和制约其发展的因素，为后文提出有针对性的对策建议提供依据。

1.4 创新与不足

1.4.1 创新点

第一，在已有的文献中，关于企业家才能、新型农业经营主体的研究比较多，对两者之间的关系进行研究，也基本形成了一个比较统一的观点，那就是对企业家才能在推动新型农业经营主体发展方面的重要性进行了充分的探讨。但对于企业家才能赋能新型农业经营主体的内在机理的剖析不足，本研究拟构建企业家才能赋能新型农业经营主体分析框架，从理论上揭示企业家才能如何影响新型农业经营主体的发展。

第二，现有文献对于新型农业经营主体企业家才能维度划分的研究较少。本研究将其划分为企业家精神和企业家职能两个维度，并进一步将企业家精神划分为创新精神和冒险精神两个部分，企业家职能划分为经营职能和管理职能两个部分，可以更深入地剖析企业家才能如何影响新型农业经营主体发展，进而提出有针对性的政策建议。

1.4.2 研究不足

第一，企业家才能维度划分的理论阐释有待进一步深入。通过阅读国内外文献资料、了解各地主体培育案例，并融合个人思考，本文将企业家才能划分为企业家精神、企业家职能两个维度，是否涵盖全面仍需要理论阐释并作进一步说明。

第二，研究案例的选取可进一步扩展。新型农业经营主体不限定在本文选取的三个案例，研究案例可增加农业龙头企业等典型主体的分析。

文献综述　第二章

在这一章节，将既有的研究进行简洁的概述，研究重心则集中在新型农业经营主体的企业家才能赋能问题上，因此，对相关文献的回顾和评论将从以下三个角度进行：首先，重点分析企业家才能的主体；其次，集中在农业领域的企业家才能上；最后，对新型农业经营主体进行深入探讨。通过回顾现有文献，将为后续研究提供有价值的理论和支持。

2.1　企业家才能

2.1.1　企业家

企业家在市场经济活动中扮演着重要角色，在市场活动中发挥着不可替代的作用。这个词起源于 16 世纪法语"entreprendre"，起初是指"探索者"的意思，但随后发展成了"中介""承包""承揽"等意思[①]。英文中的"entrepreneur"是指那些创立了公司和担负着重大行政责任的领导者。此后，学者们对企业家理论展开了各种不同的研究。

一、企业家是决策者

在奈特（Knight）的经典著作《风险、利润与不确定性》中，他将企业和企业家的关系紧密相连，并创立了企业家理论。他从不确定性的视角深入研究了企业家，系统阐述了风险和不确定性的区别。通过运用

---

① 夏晗.企业家精神、企业创新对企业成长的影响 [D]. 中南财经政法大学,2020.

直观判断以及对风险偏好的定义，奈特把企业家塑造为处理不确定性的决策者，企业家不仅通过对不确定性的判断和分析来获取利润，他们对不确定性的处理技能也被视为企业家的必备技能[1]。然而，奈特并没有正确区分企业家与资本家，也没有深层次论述企业内部权利的划分。卡森（Casson）将奈特的企业家的角色进行了广泛的拓展与整合。他认为企业家是对稀有资源分配问题作出判断性决策的专家，这种决策往往无法依赖一套明确的、完全基于公开信息的规则。获得信息不但费用昂贵，且因人而异，这就凸显出企业家作为决策者的重要性[2]。Lumpkin和Dess将企业家定义为企业市场行为的决策者，他们认为企业家作为企业经营的象征，频繁地引起公众的注意并成为人们关注的焦点[3]。根据钱德勒的观点，现代企业制度的发展导致管理阶层的角色逐渐增强。他认为企业管理阶层之所以取得主导地位是因为所有权和控制权的分离，在企业中，企业家是担任主导角色的管理阶层[4]。张维迎利用信息经济学原理，运用均衡模型推导出了企业家必须具备财产所有权、主导经营活动并承担经营风险的论点，并指出企业家是企业主要决策者，其决策决定都关乎一业的兴衰，他们面临外部环境各种不确定性因素[5]。

二、企业家是机会主义者

法国经济学家坎蒂隆（Cantillon）被认为是最早讨论"企业家"这一概念的学者，他将企业家定义为从事买卖经济活动的个体，并在其中扮演投机商的角色。同时，他在经济学中引入带有风险承担者的企业

---

① 弗兰克·H. 奈特著. 风险、不确定性与利润 [M]. 北京：商务印书馆，2017.

② Casson M .The comparative organisation of large and small firms: An information cost approach[J].Small Business Economics, 1996, 8（5）:329-345..

③ Lumpkin G T , Dess G G .Clarifying the Entrepreneurial Orientation Construct and Linking it to Performance[J].Academy of Management Review, 1996, 21（1）:135-172.

④ 钱德勒. 看得见的手 [M]. 北京：商务印书馆，1987.

⑤ 张维迎著. 企业理论与中国企业改革 [M]. 上海：上海人民出版社，2015.

家，将企业家与不确定性和风险承担联系在一起[①]。米塞斯（Mises）主张，每个有意识的个体和他们的有意图的行为都具有理性，包括个体为了改进自己的处境而有目的地付出努力，以及对外部环境的变化作出有意识的调整[②]。同时，米塞斯还指出企业家具备识别要素配置的不合理性、发现和利用知识和信息资源的能力，以及对新方向进行试验、开发新产品、引进新科技的一种技能，他们在市场进程中起到了纠正者的作用。因此，奥地利学派将"企业家"定义为具备识别并利用机会的能力的个体，他们能够通过调整现在的行为以达成未来的目标[③]。交易费用理论的创始人科斯（Coase）在《企业的性质》一文中指出企业家的主要职能在于通过非市场的层级制来取代市场交易从而降低交易费用，强调"企业家不得不在低成本状态下行使他的职能，这是鉴于如下事实：他可以低于他所替代的市场交易的价格得到生产要素，因为如果他做不到这一点，通常也能够再回到公开市场"。[④] 威廉姆森（Williamson）在科斯的基础上作了进一步研究，他把交易费用归因于机会主义和有限理性，是利益最大化的个体对待不完全信息的自发性行为[⑤]。因此，在不完全信息条件下，企业家被看作是将市场交易内在化的机会主义者。美国经济学家柯兹纳（Kirzner）在其著作《竞争与企业家精神》中，基于信息不完全理论提出了有关企业家的观点，按照他的理解，市场是资源持有人、生产者以及消费者彼此交互的平台，而通过市场的调控机制能够实现平衡，在信息不完全的情况下，企业家需要具有敏锐的洞察力，发

① 理查德·坎蒂隆著. 商业性质概论 [M]. 北京：商务印书馆，2017.

② 路德维希·冯·米塞斯（Ludwig Von Mises）著；梁小民译. 经济学的认识论问题 [M]. 北京：经济科学出版社，2001.02.

③ 赫苏斯·韦尔塔·德索托作；朱海就译. 奥地利学派经济学经典译丛 经济学的新探索 [M]. 上海：上海财经大学出版社，2021.07.

④ Coase R.H., The Nature of the Firm[J].Economica,1937, 4（16）：386-405.

⑤ Williamson O.E.Market and Hierarchies:Analysis and Antitrust Implcations[J].New York:Free Pres,1975.

现对交易双方都有利的商机，并作为中间人推动交易的成功进行[①]。因此，企业家精神的精髓在于善于捕捉机遇，并具有敏锐的洞察力。

三、企业家是创新者

1934年，经济学家熊彼特（Schumpeter）在他的代表作《经济发展理论》中，首次深入地解释了"创新理论"，从而对企业家概念进行了全新的诠释，熊彼特的研究对推动企业家理论的发展产生了真正的影响，在西方经济学界引起了轰动且产生了深远影响，他认为，企业家是创新者，通过打破市场平静和利用变化来寻找利润机会，创新是将全新的想法转化为实际行动的过程，即将概念转变为市场上的利益追求行动[②]。然而，与马歇尔所持观点，即企业家必须具备冒险精神和承担风险的能力相对照，熊彼特的立场则有所不同，他主张企业家实际上从不承担风险。如果创新的资金来源是贷款，那么在创新失败的情况下，受影响的将是债权人；如果创业投资来源于企业家在创业前积累的利润，他们就只能冒着既是资产所有者又是货物所有者的危险，创新失败可能会对企业家的声誉产生负面影响，但他们并不需要负担任何直接的经济责任。企业家理论的奠基人萨伊（Say）在经济学理论中首次引入了企业家的概念并进一步推广了这个术语，认为企业家是那些能够将经济资源从生产力和产出较低的领域转移到较高领域的人，而创新则是实现这种转移的必要手段[③]。随后，德鲁克（Drucker）在吸取萨伊对企业家定义的基础上，对熊彼特的理论做了进一步的精炼和演进，他在自己的作品《创新与企业家精神》中，对企业家的概念进行了更深入的阐释和扩展。德鲁克把企业家界定为"能够为创造财富提供资源的人"，尤其是对企业家的创新、变革和参与产品决定的能力与角色给予了高度的重视。他相信创业者有如下特质：显著提高资源产出的能力；打造与众不同的商

---

① 柯兹纳著；刘业进译. 竞争与企业家精神 [M]. 杭州：浙江大学出版社，2013.
② 约瑟夫·熊彼特著. 经济发展理论 [M]. 北京：商务印书馆，2017.
③ 让·巴蒂斯特·萨伊总主编. 政治经济学概论 [M]. 北京：华夏出版社，2017.

品，并转变其价值；开拓新的市场和新的顾客群体。因此，企业家的本质在于有目的、有组织地进行系统创新[①]。在《经济学原理》一书中，英国经济学家马歇尔（Marshall）首次深入探讨了企业家作为独立的生产要素，他认为企业家是具有特殊禀赋的创造型人才，企业家则被视为一种特殊力量，他们的作用是发现和消除市场的不平衡，实现市场供需的平衡[②]。

2.1.2　企业家才能

企业家才能（entrepreneurship）这一概念源自拉丁语，其含义涵盖了"探索、感知和实现"的概念，本质上包含了"发现、识别和行动"的意义。在 18 世纪初，国际学术界就开始了企业家才能的研究。然而，直到 20 世纪 80 年代末，国内学者才开始深入探索企业家相关的研究主题。回顾国外经济学家对企业家才能的论述，可概括为两个方面：企业家职能和企业家精神。本书中的企业家才能是指企业家在经营和管理企业中所具有的一种综合性的才能。这包括了企业家的职能以及企业家的精神，这两者共同构成了企业家的核心能力，使其能够在不断变化的环境中取得成功。其中，企业家职能主要强调企业家在整合劳动、资本、土地等生产要素进行生产的过程中所展现出的能力，而企业家精神则是对企业家在经营管理企业过程中所展示出来的各种能力的心理诠释。

2.1.2.1　企业家职能

尽管对于企业家而言，并不存在统一的概念定义，但学术界普遍认同企业家是具备一定能力的个体。此外，也有学者认为企业家是具备企

---

① 彼得·德鲁克著. 创新与企业家精神 [M]. 北京：机械工业出版社，2019.
② 马歇尔著；朱攀峰，徐宏伟编译. 经济学原理 [M]. 北京：北京出版社，2012.

业家能力并且经营企业的人。通过对国外经济学家对企业家职能的论述的梳理，可以总结为以下四个方面：第一，机会识别的能力。柯兹纳认为企业家能够"敏锐地察觉到利润机会"，这种能力体现为警觉性，企业家通常需要应对突发的不确定情况，同时承担预测未来消费者需求的责任，警觉性能力使企业家能够迅速抓住新目标和未知资源，实现利润的捕获[1]。在奈特（Knight）的著作《风险、不确定性与利润》中，他强调了市场利润的基础在于不确定性，这种不确定性使得企业家需要承担预测消费者欲望、引导生产技术和控制的责任，通过对不确定性的处理和决策，企业家能够在市场中获得利润并推动经济的发展[2]。企业家的首要职能是决策和控制，即决策职能和控制职能，人们在决策和控制能力上有所不同，那些拥有卓越管理才能的人可能会成为企业家，这些才能包括：第一，必要的知识和判断力，与众不同的天赋，专业化的管理能力，自信心，以及冒险的勇气[3]。第二，判断决策的能力。企业家根据不确定的未来和市场环境，依据自身的认知基础、知识积累、信息获取和风险承受能力进行综合的"判断"和"决策"，从而形成了企业的存在，在企业的生产经营过程中，企业家的价值判断、风险承担和科学决策起着重要作用[4]。柯兹纳强调，在动态市场中，机会识别后的决策判断是基于保持敏感性和警觉性的主观行为，并非机械式寻求利益机会[5]。第三，进行生产组织的能力。法国经济学家萨伊（Say）以产出协作为视角来研究企业家。他指出，生产产品不可或缺的要素包括劳动、资本和自然力，但这些要素并不必须由同一人所有。企业家有能力把那些元素通过借用并支付报酬的方法组合起来。萨伊将劳动分为理论、应用和执行三

---

① 柯兹纳著；刘业进译. 竞争与企业家精神 [M]. 杭州：浙江大学出版社, 2013.
② 弗兰克・H. 奈特著. 风险、不确定性与利润 [M]. 北京：商务印书馆, 2017.
③ 弗兰克・H. 奈特著. 风险、不确定性与利润 [M]. 北京：商务印书馆, 2017.
④ 王生斌, 王保山. 农民合作社带头人的"企业家精神"：理论模型与案例检验 [J]. 中国农村观察, 2021（05）：92-109.
⑤ 柯兹纳著；刘业进译. 竞争与企业家精神 [M]. 杭州：浙江大学出版社, 2013.

种类型，而企业家则承担着应用的职能，将各种生产要素聚集起来进行生产，并时刻面临着潜在的财产损失风险①。马歇尔（Marshall）从企业的组织产出与经营角度出发，勾勒出一个完美的企业家所应该具备的素质。作为商人和生产的组织者，他具有预见生产和消费变化的能力，能作出谨慎的判断，同时，他敢于接受风险，能够合理地分配所需的原材料和机械资源等；作为雇主，他能有效地管理人力资源，激发员工的积极性和创造性，确保生产经营的顺利进行②。帕累托（Pareto）致力于研究资源配置的效率问题，帕累托最优（Pareto optimum）即为一种理想的或最佳的资源分配③。在企业经营和管理决策的过程中，企业家实质上是运用他们的才能去寻求实现帕累托优化的目标。换言之，在一定的资源情况下，他们对各种因素进行最优分配，从而使费用最少和利益最大化。第四，创新应变的能力。熊彼特（Schumpeter）将创新视为企业家的核心才能，并解释了创新所带来的"创造性毁灭"，通过打破平衡状态，激发活力以提升组织绩效。企业家的创新才能在于抓住市场机遇后，进行新产品的研发和新市场的开拓，不断形成竞争优势④。

对于国内学者们的研究文献进行梳理，不同的学者有不同的见解。王烈提出，企业家的职能包括决策、计划、控制、指挥、组织、创新、岗位工作、人际关系、表达和学习等十个方面的能力⑤。苗青等学者认为，企业家的职能可以分为核心能力和必备能力两个方面。核心能力包括创造性破坏、承担风险和学习等能力。而必备能力则包括组织、指挥领导、人际关系和表达等能力⑥。赵炜提出了企业家的能力结构模型，把

① 让·巴蒂斯特·萨伊总编.政治经济学概论 [M].北京：华夏出版社，2017.

② 马歇尔著；朱攀峰，徐宏伟编译.经济学原理 [M].北京：北京出版社，2012.

③ 哈里·兰德雷斯，大卫·C.柯南德尔著；周文译.经济思想史 原书第 4 版 [M].北京：人民邮电出版社，2011.

④ 约瑟夫·熊彼特著.经济发展理论 [M].北京：商务印书馆，2017.

⑤ 王烈.企业家能力结构的社会学分析 [J].华东经济管理，2001（03）：67-69.

⑥ 苗青，王重鸣.企业家能力：理论、结构与实践 [J].重庆大学学报（社会科学版），2003（01）.

企业家的能力结构划分为"在学习中形成的素质"和"在实际工作中形成的能力"两个方面。通过学习过程所获得的能力包括风险应对能力、管理技巧、危机处理技巧、协调技巧，以及资源分配能力。然而，在实践中累积的能力则涵盖了创新能力、预见能力、战略管理能力、决策能力、学习能力和竞争能力[①]。刘智勇等学者提出，对于新创企业而言，其综合动态能力包括机会发现、机会捕获和创新发展这三个方面，而企业动态能力的演化过程则是企业家知识和经验的形成过程[②]。按照张书军的理解，企业家的资源配置能力可以被划分为两个维度，包括对内部资源的识别与配置能力，以及对外部资源的动员与协调能力，前者主要关乎内部资源的合理组合与生产管理的有效分配，而后者则考量的是，是否能够运用社会资本获取有价值的资源，这两方面的能力对企业家在资源分配上起到了决定性的作用[③]。陈阳对企业家能力的价值等级进行了深入研究，他主张学习过程赋予了企业家能力一种内在的价值。当企业家能力在经济、政治、文化和社会领域产生益处时，这种内在价值就会转变为具体的现实价值[④]。从经济的角度来看，企业家的价值主要在于四个方面的能力：首先，他们具备组织、开发和协调生产要素的能力；其次，他们敢于抉择和承担风险；此外，他们还拥有创新和灵活应变的才能。这些能力共同构成了企业家在经济活动中的重要价值。

经整理归纳，目前我国关于企业家职能的研究主要集中在三个层面：一是企业家活动能够及时地识别机遇，作出决策；二是对各生产要素进行组织的能力；三是创造性和创新性的能力。我国的研究以国外经济学家的理论框架为基础，进行了较为详尽和广泛的研究。纵观中外，

---

① 赵炜. 基于企业创新能力的企业家能力研究——一个理论分析框架 [J]. 现代经济信息，2011 (24)：342-343.

② 刘智勇，姜彦福. 新创企业动态能力：微观基础、能力演进及研究框架 [J]. 科学学研究，2009, 27 (07)：1074-1079.

③ 张书军. 企业家资源配置能力与企业成长 [J]. 经济体制改革，2003 (05)：48-51.

④ 陈阳. 企业家才能的价值分析 [J]. 经济问题探索，2000 (07)：84-89.

关于企业家职能的基本含义，中外学术界有着相同的认识。

2.1.2.2 企业家精神

在关于企业家精神的基本内涵方面，国外学者持有不同的观点。熊彼特被视为现代企业家精神理论研究的开创者，在他的论述中，他将企业家视为推动经济增长的关键力量，通过推动新产品的研发、采纳先进的生产手段，以及实施其他创新战略来增强经济活力，因此，可以将企业家精神描述为一种"创造性的破坏过程"[①]。这一观点揭示了创新作为企业家精神的核心，它体现了企业家活动的典型特征。在大量欧洲知识分子移居美国的背景下，美国的经济学家们对企业家精神理论作出了更深入的研究，延续了熊彼特的研究。奈特（Knight）在其杰出著作《风险、不确定性与利润》中指出，在不确定的环境中，企业家精神体现为勇于创新的行为和敢于承担风险的精神，他们开辟了新的道路[②]。在管理学的范畴中，德鲁克（Drucker）对熊彼特的理论进行了进一步的深化和扩充，德鲁克将创新和企业家精神视为一门实践性学科，并强调这种精神需要在实践中不断提升，他主张，"企业家精神"的核心在于系统性的创新，这种创新是有目标且有组织的，创新实际上是改变了资源的产出方式，从而通过改善产品和服务为客户带来更大的价值和满意度[③]。企业家精神不是一门科学，也不是一门艺术，它是一种需要勇于冒险、勇于负责的实际行动。柯兹纳与熊彼特有所不同，他将警觉性视为企业家精神的核心。柯兹纳认为仅依赖个人的最大化行为相互作用是不足以完成市场配置过程的，因此需要引入企业家精神，企业家精神的核心在于寻找市场中的盈利空间，这些盈利空间的存在源于市场参与者初期的无知，企业家通过保持敏锐，时刻准备探索这些盈利机会，从而赋予市

---

① 约瑟夫·熊彼特著. 经济发展理论 [M]. 北京：商务印书馆，2017.
② 弗兰克·H. 奈特著. 风险、不确定性与利润 [M]. 北京：商务印书馆，2017.
③ 彼得·德鲁克著. 创新与企业家精神 [M]. 北京：机械工业出版社，2019.

场新的活力①。赫伯特（Hébert）等学者综合了奈特、熊彼特和柯兹纳等人对企业家精神的研究，提出了企业家精神的基本要素：感知（柯兹纳式的企业家精神，即意识到利润机会的存在）、勇气（奈特式的企业家精神，即在不确定的环境中勇于承担风险）和行动（熊彼特式的企业家精神，即通过创新性的行动打破原有的均衡）。赫伯特认为企业家精神指的是那些表现出强烈创新行为的特定个体，他们能够发现尚未被认知的、能够带来利润的机会，并在开发和利用这些机会的过程中勇于承担产品开发、销售或企业活动可能面临的失败风险②。斯莱文给企业家精神下了一个与赫伯特类似的定义。他将企业家精神的概念界定为：企业创新（为了适应目前或将来的市场需要，可以通过制造新产品或改善已有产品）、承担风险（自愿承担风险）和主动（通过将新产品、新服务或新技术推向市场，抢占市场份额）③。可以观察到，斯莱文所提到的企业创新、风险承担和行动领先三个方面与赫伯特总结的企业家精神的基本要素感知、勇气和行动具有内在的一致性④。

在国内，对于企业家精神的研究越来越多，尤其在经济学、管理学等领域得以广泛讨论。刘常勇认为，从精神层面来看，企业家精神是一种具有创新性的工作方式和思维方式；在实践层面上，表现为通过发现潜在机会、优化资源组合来建立新公司或开展新业务，从而提供和创造市场上新的价值⑤。汪丁丁则认为，企业家精神主要涵盖创新、合作和敬业精神这三个方面⑥，这一定义的独特之处在于强调了企业家精神的合

---

① 柯兹纳著；刘业进译 . 竞争与企业家精神 [M]. 杭州：浙江大学出版社，2013.

② Robert F. Hébert, Link A.N .The Entrepreneur as Innovator[J].Journal of Technology Transfer, 2006, 31（5）:589-597.

③ 黄文武 . 企业家精神视野中的大学革新 [D]. 南京师范大学，2021.

④ Covin J.G., Slevin D.P., A Conceptual Model of Entrepreneurship as Firm Behavior[J]. Social Science Electronic Publishing, 1991, 16（1）.

⑤ 刘常勇 . 创业管理的 12 堂课 [M]. 北京：中信出版社，2002.

⑥ 汪丁丁 . 企业家的精神 [J]. 今日科技，2002（3）:3.

作性特征。李靖也持有相似观点，他强调企业家必须具备合作精神，以此来激励人们并建立一种内部凝聚力，只有这样才能实现合作带来的收益，并达到资源整合的效应，从而使组织获得最大的优势，这种"合作"特质进一步凸显了企业家精神在伦理层面上的重要性[①]。梁洪学提出企业家精神的基本要素包括使命精神、创新精神、冒险精神、敬业精神、合作精神以及执着与坚守精神[②]。靳卫东和高波提出，企业家精神是显现在企业家群体共有的价值观中，这包含了他们的创新精神、承担风险的能力、工作理念以及对个人价值的理解等独特特质[③]。庞长伟和李垣从资源和能力的视角研究企业家精神，他们主张企业家精神的真谛在于企业家充分利用自身能力，通过积极寻找市场机遇，以新的方式整合现有资源并获取新的资源，这样可以提升企业的竞争力，增强创造财富和获利的能力，这种精神展现了企业的战略导向和文化精神，并要求企业家持续保持并提升这种精神[④]。韩文龙厘清了技术——制度——企业家精神三者相互关系指出创新精神是企业家精神的核心，他的观点表明，企业家精神的创新活动还需要制度支持，最后表现为技术创新。从整体上看，我国对企业家精神的阐释多基于柯兹纳和熊彼特等西方学者的理论框架，在此基础上进行了进一步的探索和发展。

通过对有关企业家精神的研究文献的梳理与分析，可以发现，不同的学者对企业家精神的含义有着不同的理解。但是，关于企业家精神的研究大多集中在对机遇的把握上，或者集中在创新与创业上，对于企业家精神的定义并没有形成统一的表述。企业家精神本身就是一个内涵丰

---

① 李靖. 企业家和企业家精神：一个伦理维度上的诠释 [J]. 理论与改革，2004（01）：121-124.
② 梁洪学. 激发释放企业家精神的制度环境——对企业家精神的再认识 [J]. 学习与探索，2019（02）：137-142.
③ 靳卫东，高波. 企业家精神与经济增长：企业家创新行为的经济学分析 [J]. 经济评论，2008（05）：113-120.
④ 庞长伟，李垣. 制度转型环境下的中国企业家精神研究 [J]. 管理学报，2011，8（10）：1438-1443.

富、具有包容性的概念。因此，不同学者在解释企业家精神时会根据自己的研究方向和视角进行侧重和突出。

2.2 农业企业家才能

2.2.1 农业企业家才能的构成

农业企业家的角色不仅仅是农业企业的领导者，他们需要在农村经济条件下发现新的机遇，通过整合各种资源创造性地发展农业企业[①]。农业企业家以农业企业为依托，以市场为导向，以农产品品牌为标志，努力培养自己的核心竞争能力。在此基础上，寻找适合于公司生存和发展的企业文化，制定适合公司发展的中长期战略。钱立宇指出农业企业家是我国农村经济发展的引领者和带动者。他们引导小农户走向规模经营、企业化经营，提高了对市场变化的抗御能力和对自然条件的适应能力。改革了现代化的农村经营方式，优化了生产要素，推动了农业资源的综合利用与开发，实现了农业生产的集约化与规模化，极大地提升了农业生产力。另外，农业企业家相较于一般农户而言，掌握的信息知识较为广泛，在竞争日益激烈的农业市场中，农业企业家能够更好地关注市场变化，作出合理判断[②]。朱玉春认为农业企业家指的是把资本增值作为自己的目的，把人力资本和物力资本相结合，对农业企业的整体资本进行持有，并承担经营风险，以农产品市场的需要为依据，对农业企业

---

① 周应堂，尹正丰.农业企业家论 [J]. 江西农业学报，2007（09）：141-144.
② 钱立宇.培养农村经济开发的引领者——农业企业家 [J]. 市场周刊（理论研究），2011（04）：135+40.

的生产、流通、服务等经济活动进行创造性的组织的经营管理者[①]。李泉认为农业企业家是把农户与市场组织联系在一起的一个有组织的集体，通过企业家的中间作用从而完成农户个体力量面向市场向农户团体或其他中介组织协作面向市场的转变。农业企业家通过管理组织和体制机制上的开拓创新，促进劳动力、资金、科技等生产要素更多更快地进入农业生产环节，加快现代农业生产方式的构建。在快速发展的中国农业产业化过程中，农业企业家不仅仅是企业的组织者，他们还更新了农业的经营模式，是市场有效信息的获得者，更为重要的是农业企业家始终代表着农民的利益[②]。农业企业家带动并发展了我国的农村经济，带领小农户进行规模化农业种植，通过掌握的信息知识、资金、人脉等加速了现代农业的发展。

农业企业家作为农业企业的领头人，自身的才能对于企业的发展至关重要。根据研究显示，农业企业家才能主要涵盖两个方面：一是企业家精神；二是企业家职能。企业家精神主要包括创新精神和冒险精神，企业家职能主要为经营管理职能，包含战略规划能力、战略决策能力、资源整合能力、研发设计能力、学习能力等。

如前文所述，企业家精神所强调的核心内容——创新精神、冒险精神——正是新型农业经营主体在现代农业发展过程中面对市场不确定性所必需的精神才能。张怀英等认为企业家精神能够增加社员的劳动参与率，激发其工作热情，促进社员在企业管理中的作用。因此，要重视创业精神的培养，包括创新精神、合作精神和冒险精神[③]。彭莹莹认为企业家是企业经营功能的具体化的代表。企业家需要勇于冒险、勇于开拓、善于把握市场机会、善于组织、善于经营。同时，还应具有创业精神、

---

① 朱玉春. 论职业型农业企业家的培育 [J]. 农业经济问题，2000（04）：48-50.
② 李泉. 农业企业家缺位与培育问题刍议 [J]. 农业开发与装备，2009（09）：3-5.
③ 张怀英，原丹奇，周忠丽. 企业家精神、社员自身能力与合作社绩效 [J]. 贵州社会科学，2019（05）：123-129.

风险意识，使其能够在激烈的市场竞争中，带领合作社实现可持续、健康地发展[①]。周应堂等人认为根据目前中国农业企业的发展状况，中国农业企业仍处在企业的成长阶段，大部分企业还处在生存初期，只有很少一部分企业进入了成长甚至成熟阶段，因此，目前中国农业企业家要更加注重对企业家在创业阶段的素质要求，要具备强烈的创新意识[②]。吕邈马贝认为农业企业家一定要有一种创新的风险意识，要敢于承担预期收益的不确定因素和生产经营的风险性，要敢于直面快速变化的市场竞争，把风险当成前进的动力，构建并完善公司的创新机制，采取技术改造策略，引进先进的技术，综合提高市场竞争力[③]。

农业企业家除了要具备创新和冒险精神，还要了解农业生产的基本知识、技术和方法；还要有企业管理能力，熟悉企业管理的理论和实践，包括战略决策和规划、资源整合能力、研发设计能力等。尹志刚等人认为推进农业产业化过程中农业企业家是关键。现代农业企业家应有把产品、产业、市场作为一个整体来把握，增强资本经营的意识和能力。要善于整合各类资源，增强创新意识观念[④]。雷以常认为农业企业家是市场经济的主角，要遵循和服从优胜劣汰的市场规则，独立作出决策并承担决策的最终后果。要按市场经济的原则去优化组合生产要素，实现企业资产的增值、企业生产率的提高和生产规模的不断扩大[⑤]。高煦照认为农业企业家是农业企业的经营者和管理者，对农业企业的兴衰成败具有决定性作用。作为农村先进生产力的集中体现，他们代表着先进的生产方式和生产理念，是建立新型农业经营体系的开创者，将引领农民

[①] 彭莹莹. 农民专业合作社企业家及成长因素研究综述 [J]. 中国农学通报，2010, 26（17）：439-442.

[②] 周应堂，尹正丰. 农业企业家论 [J]. 江西农业学报，2007（09）：141-144.

[③] 吕邈马贝. 农业企业家对农业现代化的推动作用及其培育 [J]. 中国农业会计，2018（01）：32-35.

[④] 尹志刚，李炜. 谈现代农业企业家的素质培养 [J]. 财金贸易，2000（05）：59-60.

[⑤] 雷以常. 农业企业家的素质及培育方略初探 [J]. 南方经济，1998（04）：80-81.

走向共同富裕；作为农村先进生产关系的典型，农民企业家将会建立一种新型的所有制关系，和谐的劳动关系，合理的分配关系，公平的市场交换关系。农业企业家要不断接受新思想、新理念、新意识。树立把企业做大做强的新观念，践行先进的生产理念，引入先进科技，创新生产模式，还必须具有强烈的市场意识，洞察市场的供需关系变化，调整经营策略[①]。吴厚庆认为农业企业家需要有强大的领导能力，包括企业发展的战略规划能力、占领市场的组织能力、国际农产品供求信息的搜集和甄别能力等，需要农业企业家在实际工作中不断地体会、学习、磨炼。并且在企业发展、壮大的过程中提高自己的领导驾驭能力[②]。

通过对农业企业家才能相关文献的归纳可以看出，尽管理论界主要从家庭农场主、合作社企业家、农业企业家等群体研究农业企业家才能，看似分类，核心内容实则大概一致。农业企业家的才能主要包括两个方面，即企业家精神和企业家职能。企业家的创新精神使农业企业家能够不断提出新的想法和方法，以应对不断变化的市场需求和竞争环境。冒险精神使他们敢于冒险尝试新的经营模式和技术，以求取更大的商业成功。战略规划能力使农业企业家能够制定长期发展目标和战略计划，以指导企业的发展方向。战略决策能力则能够帮助农业企业家作出正确的决策，以应对市场变化和风险挑战。资源整合能力使他们能够有效地整合和管理企业内外部资源，从而提高生产效率和竞争力。研发设计能力则能够研发出具有竞争优势的产品和技术，以满足市场需求。学习能力使他们能够不断学习和更新知识和技能，以适应不断变化的商业环境。总之，农业企业家的才能对于农业企业的成功与发展至关重要。他们的创新精神和冒险精神，以及经营管理职能，都是推动企业不断向前发展的关键因素。只有具备这些才能的农业企业家，才能在激烈的竞

---

① 高煦照. 农业企业家成长培育分析 [J]. 安阳工学院学报，2016, 15 (03)：32-34.

② 吴厚庆. 论土地承包经营权流转后的农业企业家队伍建设 [J]. 湖南社会科学，2008 (06)：117-119.

争中取得胜利，并为农业企业创造更加繁荣的未来。

2.2.2 农业企业家才能的影响因素

受到农业企业家个人以及外部环境的影响，有许多因素影响着农业企业家才能。理论界从农户、合作社和农业创业者三个方面，找到了影响农业企业家才能的因素。刘胜中研究发现，就目前而言，我国农民平均受教育水平较低，农村人力资源素质总体偏低，我国乡村人才的现状与乡村经济发展的实际需要不相适应，制约了企业家的发展。另外，农业企业在创立之初，基本以家族企业为主。在人员分配、目标决策等方面难以做到科学公正，管理缺乏创新意识，束缚了企业家的成长。保障农业企业的法律制度不健全，也会严重阻碍其发展。最后，由于农业企业创始地基本为农村或者乡镇，资金来源主要靠亲朋好友投资，没有正规的融资渠道，农村金融市场体系的不健全，也将制约农业企业家的培育[1]。李华玲研究认为，目前农村地区的受教育水平和农民企业家文化水平是限制农民企业发展的主要因素。农业企业家大多居住在乡村地区，他们与市场的前沿地区相距甚远，缺少一定的社会阅历和社交网络，这就造成了他们对市场价值的认知不足，在抓住市场机会的过程中，他们缺少了自身的优势，资源获取与资源整合能力较低[2]。乔凤岐认为文化水平较低是制约农民企业家发展的瓶颈。因为文化水平有限导致在经营过程中顾此失彼，缺乏长远目光。管理模式滞后导致农业企业发展缺乏活力。虽然以家族成员为主的农业企业员工在工作中很有热情，但是大多缺乏管理和经营能力，束缚了企业的发展。资金短缺和融资渠道不畅，严重影响了农民企业家和农村经济的发展。农民企业家难以从正常的融

---

① 刘胜中. 浅析农业企业家发展制约因素与对策 [J]. 湖南农业科学，2014（16）：65-66+70.
② 李华玲. 基于农民企业家成长过程的农民教育模式探讨 [J]. 职业技术教育，2012, 33（13）：74-78.

资渠道获取所需要的资金，甚至不得不以高利贷的方式进行融资，这给企业带来了更大的压力和更大的风险[①]。何枭吟等人提出在城乡二元经济体系中，生产要素在城市与农村之间的流通受限，导致农户的处境更为不利，影响了市场机制对农业资源的有效配置，不利于农民企业家的成长。而且，因为我国农村的总体文化水平还处在一个比较低的水平，大部分农民企业家受学历、素质、视野的限制，在他们的思想和行为上，不可避免地会带着小农意识、小生产方式，对企业的发展没有长远的计划，这就造成了他们在创业或者经营的时候，经常会出现一些失误。目前，我国农村信贷市场还处于初级阶段，缺乏有效的融资渠道，制约着农村经济的健康发展，制约着农民创业的发展。加之家族制的封闭管理，不利于公司资本的集中、不利于决策的科学化和规范化。以上种种原因造成农民企业家难以成长[②]。高静和其他学者的研究表明，农民的年龄、性别和文化程度对农民企业家的市场机遇的判断产生了明显的影响，但其影响程度远小于其自身素质、知识阅历和人脉关系。农民的个人特征，如成就感、冒险精神、进取心、创新精神等，将会提高其对市场的敏感性，而随着知识与经验的持续累积，其对市场机会的洞察力也会随之提高，与此同时，借助社会网络，还能拓宽其信息渠道，延展其市场机会的范围[③]。

通过学者们对于影响企业家才能的因素进行的分析，我们可以得出，影响农业企业家才能的因素有以下原因。第一是教育水平。农村地区由于教育水平受限，部分农业企业家学历较低，见识较浅，小农意识还没有完全消散。第二是资金和资源不足。农业企业发展需要大量的资

---

① 乔凤岐. 制约农民企业家发展的因素与对策 [J]. 传承，2010（12）：22-23.

② 何枭吟，焦成焕. 制约农民企业家成长的因素与对策研究 [J]. 乡镇经济，2008（08）：104-107.

③ 高静，张应良. 农户创业：初始社会资本影响创业者机会识别行为研究——基于 518 份农户创业调查的实证分析 [J]. 农业技术经济，2013（01）：32-39.

金和资源支持，但是农业行业的投资风险较高，很多投资者都较为谨慎。农业融资难已经成为制约农业发展的大问题。第三是市场环境变化快。农业市场竞争激烈，企业家在此环境下面临着巨大的压力和挑战，需要具备市场洞察力、战略规划和创新能力，才能在激烈的市场竞争中立于不败之地。

2.2.3 提高农业企业家才能的途径

既然农业企业家才能受到不同因素的影响，那么如何提高农业企业家才能则成为亟待解决的重要问题。关于这一问题，广大学者通过研究也有了自己的观点和见解。刘伟章提出首先要积极鼓励农业企业家的成长，促进农业企业的专业化和农业的现代化。其次要破除体制性障碍。改进土地制度，允许土地承包经营权通过多种方式进行流转，加强农村社会保障建设，保障农民的合法权利，解决农民生存发展的后顾之忧。再次是要进行文化再造以及加强素质教育，加强农村的文化建设，倡导企业家精神。通过加大对农村教育的投入，进一步整体提高农村适龄人口的文化素质。重视职业教育，开展各行业专项培训活动，为农业发展提供专门人才支持。最后是要加强农村金融服务和农业信息服务。通过建立多元化融资渠道来获得农业发展所需资金，不断完善农村信用保障体系，大力发展农村的金融服务业。加强农业信息化建设，依托高素质人才和社会中介服务机构，创新农业信息化的内容和形式[①]。刘胜中提出由于农村和城市的教育水平相差较大，农民企业家的信息化、专业化的知识远远赶不上城市企业家。因此要努力提高农村居民的整体文化水平，加强农村义务教育，对农业企业家进行专门的管理知识培训。破除农业企业家族式管理的弊端，构建

---

① 刘伟章.中国亟需培育一大批农业企业家 [J]. 湖北经济学院学报，2008, 6（06）：16-19.

科学合理的管理制度，加快农业企业向现代化企业管理模式和制度转型，引导企业走向健康的发展方向。除此之外，还应该畅通农业企业的融资渠道，贯彻落实中央的各项惠农政策，简化农业企业信贷手续，为农业企业融资提供便利。最后要完善优化农村法制和发展环境。要在政策和法制以及社会环境上对农业企业家给予政策倾斜和保护。对农业企业的知识产权给予保护，保障各项合法权益，增强农业企业的创新性和积极性[①]。贾敬敦提出农业企业家要思考三个问题。第一个问题是如何迎接把握新时代的财富。要懂经营，善管理，以便实现更好的发展。第二个问题是要构建怎样的农业产业链以及相关的其他产业链？ 在中国，整个产业链条的"断档"已经成了一个"顽疾"。从西方发达国家来看，向"以产品为中心""以人为中心"的"向产业链上游延伸"是现代产业形态形成的一种基本趋向与基本做法。第三个问题是要关注科技。发展的源泉是创新。从企业家的观点来看，也许创业初衷是赚钱，但更应该有长远计划，要把重点放在科技、研究、探索上。科技创新不仅与一国的发展息息相关，也与企业家，尤其是大型企业的发展密不可分。如何运用科学的方法，将人的智慧转化为企业发展的根本因素，这是创业者必须深思熟虑的问题，用科技为我们将来的发展打下坚实的基础[②]。吴丽娟提出，首先要对农业企业家在社会中的地位、作用有一个明确的定位，建立良好的公共形象。对农业企业家的先进事迹进行归纳，加大宣传和表彰力度，引导社会舆论的健康走向，为农业企业家的成长和发展创造良好的社会环境，促进农业企业家和他们的群体的形成和发展。其次，就农业企业家综合素质而言，不仅要学习农业生产知识，还要兼具企业管理知识，要从战略的高度进行培育和强化，以适应市场经济的发展，以改革开放为导向，

---

① 刘胜中.浅析农业企业家发展制约因素与对策 [J]. 湖南农业科学，2014（16）：65-66+70.
② 贾敬敦.农业企业家要思考三大问题 [J]. 农经，2016（02）：30.

以国际竞争为导向，培养壮大优秀农业企业家人才队伍。最后，由于农业具有严重的不稳定性，所以必须从政策和制度上进行创新，建立风险防范机制，合理有效地规避在创业过程中可能遇到的风险，保障农民和农民企业家的合法权益，创造有利于农业企业家发展的大环境[①]。高煦照认为，要加强对农民企业家思想教育工作，促进农民企业家思想的与时俱进。一要改变"小富即安"的观念，以"做大做强"为目标；二要搞新型生产；三要树立市场观念。针对农业企业家知识匮乏的现状，要加强对技能型、服务型和农村实用人才的教育和培训，加强对农业企业家的针对性教育和培训，围绕现代农业发展的需求，通过大力发展职业教育，加强高技能人才队伍建设，以及全面实施农村实用人才培训工程，提高农业劳动者的总体职业技能和职业道德水平。政府应推动各种政策体系的持续改进。所有政策应该公平公正，农业企业家在创业和经营过程中，所得到的政府财政补贴、税收优惠等应与其他企业家一样。政府要为农业生产者的成长创造一个良好的经济环境[②]。

通过对如何提高农业企业家才能的相关文献的研究归纳可以看出，要想提高农业企业家才能，首先要加强教育投入，提高教育水平，壮大优秀农业企业家人才队伍；其次，政府要加大对于农业企业的支持力度，增加农业发展资金的投入，完善农业企业的融资渠道；再次，农业企业家应投入时间、精力和资源，提升自身素质，了解并引入适合自身企业的先进技术，推动企业转型升级。

---

① 吴丽娟. 培育农业企业家的机会和障碍分析 [J]. 河南商业高等专科学校学报, 2012, 25（04）: 62-64.
② 高煦照. 农业企业家成长培育分析 [J]. 安阳工学院学报, 2016, 15（03）: 32-34.

2.3 新型农业经营主体

现代农业生产经营呈现出一种新型的组织形式，即新型农业经营主体。这种农业经营主体具有生产专业化、集约化、组织化和社会化的特征。2007 年的中央一号文件最早提出了培育现代农业经营主体的概念。文件强调，为了适应时代变化以及满足现代农业生产与经营的要求，必须积极促进包括种植养殖专业户、集体经济组织、农民专业合作社和龙头企业在内的各类农业经营主体的发展；党的十八大提出培育新型经营主体发展多种形式规模经营，构建集约化、专业化、组织化、社会化相结合的新型农业经营体系。2013 年的中央一号文件强调，农业生产经营主体的创新是推动现代农业发展的基础，同时，也强调尊重和维护农民在生产经营活动中的主导角色，强化新型农业生产经营主体的建设，并全力开发农村生产要素的潜能。2016 年的中央一号文件以加快农业现代化为重点，强调发挥农业机械、科技成果应用、环境友好型发展和市场发展的作用，并积极培育专业大户、农民合作社、家庭农场和龙头企业等新型农业经营主体[①]。本文将对新型农业经营主体的类型划分、特征和培育现状进行梳理和陈述。

2.3.1 新型农业经营主体类型划分

新型农业经营主体的发展和家庭经营制度的建立是紧密相连的，不同时间段的新型农业经营主体展现出了各种各样的发展轨迹和路径，因此也存在多种类型的划分。目前学者们主要将新型农业经营主体划分为三至四种类型。黄祖辉和俞宁将农民专业合作社、农业企业和农业专

---

① 曲延春，王成利. 政策演进与乡村治理四十年：1978—2018——以中央一号文件为基础的考察 [J]. 学习与探索，2018（11）：66-74.

业大户视为新型农业经营主体，并认为它们是当前中国农业发展的支柱[①]。楼栋和孔祥智则认为新型农业经营主体类型包括家庭农场、专业大户、专业合作社和龙头企业，它们是推动现代化农业发展的重要力量[②]。王文龙指出，新型农业经营主体主要包括家庭农场、农民合作社和农业龙头企业，通常情况下，它们具有较大的经营规模，先进的生产技术和规范的管理[③④]。据张新文等人的研究，我国农业经营主体主要涵盖传统小农、专业大户、家庭农场、农民专业合作社和农业企业，其中，家庭农场、农民专业合作社和农业企业被视为新型农业经营主体[⑤]。另外，汪发元认为农业经营主体指的是从事农业经营的组织和单位，并将农业开发公司、农民专业合作社和家庭农场等纳入新型农业经营主体的范畴[⑥]。周腰华等人认为，新型农业经营主体可以划分为三种类型：第一种类型是家庭经营类，代表性的有以种养业专业大户和家庭农场为主的生产服务专业户；第二种类型是合作经营类，以农民专业合作社和农民专业协会为主；第三种类型是企业经营类，以农业产业化龙头企业为代表[⑦]。以中国知网（CNKI）数据库中的 CSSCI 来源期刊相关论文作为研究样本。刘畅和吕杰进行了新型农业经营主体的研究。从组织形式的角度来看，他们将新型农业经营体系划分为农业生产经营性主体和社会化服务主体

① 黄祖辉,俞宁.新型农业经营主体:现状、约束与发展思路——以浙江省为例的分析 [J].中国农村经济,2010（10）:16-26+56.
② 楼栋,孔祥智.新型农业经营主体的多维发展形式和现实观照 [J].改革,2013（02）:65-77.
③ 关付新.中部粮食主产区现代粮农培育问题研究——基于河南省农户的分析 [J].农业经济问题,2010,31（07）:69-77+111-112.
④ 王文龙.中国农业经营主体培育政策反思及其调整建议 [J].经济学家,2017（01）:55-61.
⑤ 张新文,高啸.农业经营主体的类型比较、效益分析与进路选择 [J].现代经济探讨,2019（03）:101-107.
⑥ 汪发元.中外新型农业经营主体发展现状比较及政策建议 [J].农业经济问题,2014,35（10）:26-32+110.
⑦ 周腰华,成丽娜.新型农业经营主体组织模式与经营模式分析 [J].学术交流,2019（07）:105-113.

两个方面[①]。近些年，随着新型农业经营主体扶持政策体系的日益健全，除了前文提及的各类经营主体外，农民专业合作社联合社、家庭农场联盟、农业产业化联合体等主体也获得了官方政策的认同，对于这些新兴主体，学术界对其进行的研究论题也越来越多，标志着新型农业经营主体迈向了多元化发展阶段[②③]。

根据 2022 年中央一号文件精神和《农业农村部关于实施新型农业经营主体提升行动的通知》本书研究的新型农业经营主体包括农民合作社、家庭农场、种养植大户和龙头企业四种类型。关于农民合作社的研究，陈锡文提出了大力支持发展农民专业合作社的观点[④]，同时孙迪亮也认为农民专业合作社在推进农业产业化和现代化方面具有重要作用[⑤]。然而，合作社在发展过程中也面临一些问题。就合作社内部发展而言，存在盈余分配不健全的问题。针对这个问题，黄胜忠等人提出了合作社内部的盈余分配方案[⑥]。而在长期发展方面，合作社的效率和竞争力较低，需要政府和其他社会力量的支持[⑦]。通过对限制合作社发展的因素进行分析，徐宏潇指出可以依靠外部力量促进合作社的发展[⑧]。在专业大户

---

① 刘畅，吕杰. 新型农业经营体系研究：知识图谱、理论框架构建与未来展望 [J]. 经济体制改革，2020（02）：74-79.

② 芦千文. 现代农业产业化联合体：组织创新逻辑与融合机制设计 [J]. 当代经济管理，2017，39（07）：38-44.

③ 孔祥智，岳振飞，张琛. 合作社联合的本质——一个交易成本解释框架及其应用 [J]. 新疆师范大学学报（哲学社会科学版），2018，39（01）：100-106.

④ 陈锡文. 把握农村经济结构、农业经营形式和农村社会形态变迁的脉搏 [J]. 开放时代，2012（03）：112-115.

⑤ 孙迪亮. 农民合作社：走中国特色农业现代化道路的重要选择 [J]. 经济问题探索，2010（08）：135-138.

⑥ 黄胜忠，伏红勇. 成员异质性、风险分担与农民专业合作社的盈余分配 [J]. 农业经济问题，2014，35（08）：57-64+111.

⑦ 李尚勇. 农民合作社的制度逻辑——兼谈其发展存在的问题 [J]. 农业经济问题，2011，32（07）：73-81+112.

⑧ 徐宏潇，赵硕刚. 农民专业合作社发展的制约因素与政策建议 [J]. 宏观经济管理，2015（01）：48-49+52.

的研究方面，韩俊指出，在市场经济的推动下，传统小农将向专业大户转变[1]，杨国玉等学者鼓励培养专业大户，并指出其可以实现小农增收致富并推动农业进一步发展[2]，刘德骧也提到大农将成为我国农村解放生产力努力的方向[3]，此外，胡必亮等学者建议我国应建立商业性大农和传统小农并行发展的制度[4]，贺雪峰指出，在农业发展过程中，培养适度经营的中农也是不可忽视的[5]。在家庭农场的研究方面，朱学新认为家庭农场是我国农业简约化经营的现实选择[6]。基于对家庭农场的分析，王春来指出家庭农场将与小农户长期共存[7]，此外，汪艳涛等学者认为家庭农场作为重要的农业经营微观组织，未来将在我国农业中具有重要的组织模式地位[8]。朱启臻等学者通过分析家庭农场的运营优势、现有条件和经营规模，指出家庭农场的最小规模应能够维持生存成本，最大规模应能够在现有的生产条件下进行有效经营[9]。同时，一些学者也指出目前家庭农场发展中存在一些需要解决的问题。岳正华等学者针对家庭农场面临的资金问题进行了分析[10]，而王建华等学者也指出我国家庭农场主面临融资困难的巨大压力[11]。在龙头企业的研究方面，李炳坤提出农业企业在适应市

---

① 韩俊. 引导农民走向新的联合与合作 [J]. 中国供销合作经济，2002（06）：20-22.

② 杨国玉，武小惠. 农业大户经营方式：中国农业第二个飞跃新路径 [J]. 福建行政学院福建经济管理干部学院学报，2004（03）：12-16+79.

③ 刘德骧. 关于发展农村"大户经济"的调查 [J]. 四川行政学院学报，2004（02）：100-104.

④ 胡必亮. 稳定自给性小农 发展商业性大农 [J]. 山东农业（农村经济），2003（10）：1.

⑤ 贺雪峰. 当下中国亟待培育新中农 [J]. 人民论坛，2012（13）：60-61.

⑥ 朱学新. 家庭农场是苏南农业集约化经营的现实选择 [J]. 农业经济问题，2006（12）：39-43.

⑦ 王春来. 发展家庭农场的三个关键问题探讨 [J]. 农业经济问题，2014，35（01）：43-48.

⑧ 汪艳涛，高强，苟露峰. 农村金融支持是否促进新型农业经营主体培育——理论模型与实证检验 [J]. 金融经济学研究，2014，29（05）：89-99.

⑨ 朱启臻，胡鹏辉，许汉泽. 论家庭农场：优势、条件与规模 [J]. 农业经济问题，2014，35（07）：11-17+110.

⑩ 岳正华，杨建利. 我国发展家庭农场的现状和问题及政策建议 [J]. 农业现代化研究，2013，34（04）：420-424.

⑪ 王建华，李俏. 我国家庭农场发育的动力与困境及其可持续发展机制构建 [J]. 农业现代化研究，2013，34（05）：552-555.

场方面表现出较好的能力，但需要进一步与农户建立稳定的利益关系[①]，王鑫指出政府可以通过提高信息的透明度来增强对农业龙头企业的激励作用[②]，谭丽平指出农业龙头企业可以通过多种方式促进其健康发展，如拓宽融资渠道、进一步完善土地流转制度和建设品牌等[③]。因此，在农业龙头企业的研究中，需要关注与农户的利益联结、政府激励和促进措施等因素。

2.3.2 新型农业经营主体基本特征

在当今农业经营体系的发展中，新型农业经营主体已成为推动专业化、组织化、集约化及社会化进程的关键力量。它们与传统农户的区别彰显在两个核心方面：首先，新型农业经营主体表现出更加市场化、更加细致的风险管理，这是市场经济与家庭承包制互相契合的产物；其次，通过更大的规模优势和更高的劳动效率，新型农业经营主体更符合我国现代化农业的战略方向和需求。

一、新型农业经营主体以更大的经营规模和更高的组织化程度为特征

杨继瑞等学者指出，新型农业经营主体在提升我国农业规模化、集约化和专业化水平，提高土地生产效率、劳动生产率以及资源利用率方面具有重要作用[④]。陈锡文认为，我国农户承包经营的耕地规模较小，生产效率有限，而新型农业经营主体可以促进土地要素的流动和

① 李炳坤. 发展现代农业与龙头企业的历史责任 [J]. 农业经济问题, 2006 (09): 4-8+79.
② 王鑫. 基于委托代理理论的政府对农业龙头企业激励策略 [J]. 江西社会科学, 2014, 34 (03): 46-51.
③ 谭丽平. 强壮龙头企业 发展现代农业 [J]. 江苏农村经济, 2015 (02): 58-59.
④ 杨继瑞, 薛晓, 汪锐. "互联网＋现代农业"的经营思维与创新路径 [J]. 经济纵横, 2016 (01): 78-81.

重组，加强规模经营[①]。张晓山提出，小规模的农业生产经营造成的收入偏低，无法有效激发农民的生产积极性，也无法确保我国的粮食安全，在新时代的背景下，发展农业的规模经济对培育新型农业经营主体至关重要[②]。张道明和乔宝建认为，培育新型农业经营主体能够通过整合农村土地、联合传统农户，提高组织化水平，实现更好的规模效应[③]。

二、新型农业经营主体以较高的劳动生产率和专业化水平为特征

张道明和乔宝建认为，新型农业经营主体更倾向于采用新品种和新技术，具有较高的劳动生产率和土地利用率[④]。刘同山等人认为，新型农业经营主体能够将分散的农户组织起来进行生产，有利于统一技术规程和生产资料供应，提高管理质量和生产效率[⑤]。李铜山和张迪指出，小农户将土地流转给新型农业经营主体，不论是完全退出生产经营还是成为农业雇工，都可以视为与现代农业有效融合，因为新型农业经营主体通常进行更大规模、更专业化的农业现代化生产[⑥]。张扬指出，在资源环境约束和农村劳动力短缺等矛盾制约下，传统农业要素投入如土地和劳动力越来越少，新型农业经营主体必须是资本和技术密集型的农业组织，需要加大科技创新与应用，并加强对新型农业经营主体的素质教育[⑦]。

---

① 陈锡文.构建新型农业经营体系刻不容缓[J].中国合作经济，2014（01）：6-9.

② 杜梅萍.培育新型农业经营主体——中国社科院学部委员张晓山解读2013年中央1号文件[J].前线，2013（03）：57-60.

③ 张道明,乔宝建.河南省新型农业经营主体发展情况、存在问题及建议[J].农村.农业.农民（B版），2013（10）：51-52.

④ 同上。

⑤ 刘同山,孔祥智.小农户和现代农业发展有机衔接：意愿、实践与建议[J].农村经济，2019（02）：1-8.

⑥ 李铜山,张迪.实现小农户和现代农业发展有机衔接研究[J].中州学刊，2019（08）：28-34.

⑦ 张扬.试论我国新型农业经营主体形成的条件与路径——基于农业要素集聚的视角分析[J].当代经济科学，2014,36（03）：112-117+128.

三、新型农业经营主体以较强的成本控制能力和更高水平的社会化为特征

邵科和段晋苑认为，新型农业经营主体的成本控制能力强，因为它们善于根据市场和产业需求进行分工合作，实现协同效应，从而更好地发挥农业产业化的集聚优势[①]。楼栋等学者认为，新型农业经营主体的发展将推动农业社会化服务体系的配套发展，而农业社会化服务体系的配套又会提升新型农业经营主体的建设水平，同时促进农业组织化、规模化和集群化的发展[②]。张道明和乔宝建认为，新型农业经营主体在各类农业社会化服务方面具有优势，能够有效控制生产成本，提高社会化服务水平[③]。钟真指出，新型农业经营主体具备生产和服务的双重功能，既是农业社会化服务的需求者，也是农业社会化服务的提供者[④]。

四、各种类型的新型农业经营主体在分工、生产效率、职能以及定位等方面展现出多元性和异质性

赵海和张照新的观点是，在农业现代化的过程中，各种类型的新型农业经营主体在功能和定位上存在一定的差异，对于专业大户和家庭农场而言，它们的主要功能是农产品的生产，也就是说，它们的功能主要体现在商品生产方面；对于农民专业合作社而言，其主要功能是将小规模农户聚集组织成具有一定规模的大户，这样有利于与企业对接，和市场联结，使农民组织化程度达到较高水平；而农业龙头企业的主要功能和作用则更多地体现在产业链中，主要涉及农产品加工和市场营销[⑤]。孔

① 邵科，段晋苑.新型农业经营体系的内涵、特征与构建对策 [J].上海农村经济，2014（02）：15-17.

② 楼栋，孔祥智.新型农业经营主体的多维发展形式和现实观照 [J].改革，2013（02）：65-77.

③ 张道明，乔宝建.河南省新型农业经营主体发展情况、存在问题及建议 [J].农村.农业.农民（B版），2013（10）：51-52.

④ 钟真.改革开放以来中国新型农业经营主体：成长、演化与走向 [J].中国人民大学学报，2018，32（04）：43-55.

⑤ 张照新，赵海.新型农业经营主体的困境摆脱及其体制机制创新 [J].改革，2013（02）：78-87.

祥智等学者认为，各类新型农业经营主体之间有着不同的分工，第一产业的生产经营活动主体大部分是大户和家庭农场，而合作社和农业龙头企业只占很小部分，因为后两者更注重为小规模的专业农户提供产前、产中和产后的服务[①]。郭熙保和郑淇泽认为，不同类型的经营主体展现出不同的经营性质，专业大户和家庭农场主要倾向于家庭式的经营模式，而农民合作社和农业龙头企业则主要采纳集体化、合作化或企业化的经营模式，因此，在各类新型农业经营主体中，专业大户和家庭农场处于基础地位[②]。陈清明及其团队通过对重庆市 14 个区县共 387 个新型农业经营主体的研究数据分析，发现因经营农产品种类的不同，这些新型农业经营主体的生产效率也存在差异，总体而言，农业龙头企业和家庭农场的生产效率高于农民合作社和专业大户，后两者的优势主要体现在某些特定产品的生产上[③]。郭庆海指出，家庭农场主要侧重于农地经营，而农民合作社不仅具备经济功能，还承担着组织农民参与市场竞争、带动农民增收致富的社会职能，农业企业则主要从事农地以外的经营活动，包括加工、流通和农业服务等领域，具备资金、技术、人才和设备等多方面的优势[④]。陈晓华提出，在不同的领域和环节中，应充分利用和发挥各种经营主体的优势和功能。种养业生产阶段适合采用家庭经营模式，未来的重点是培育种养专业户和家庭农场等规模经营者；农资采购、农产品销售和农业生产性服务阶段适合采用合作经营方式，未来的重点是培育农民合作社和其他类型的社会化服务组织；农产品加工和物流阶段

---

① 孔祥智,楼栋,何安华.建立新型农业社会化服务体系:必要性、模式选择和对策建议 [J]. 教学与研究, 2012 (01):39-46.

② 郭熙保,郑淇泽.确立家庭农场在新型农业经营主体中的主导地位 [J]. 山西农经, 2014 (01):30-31.

③ 陈清明,马洪钧,谌思.新型农业生产经营主体生产效率比较——基于重庆调查数据的分析 [J]. 调研世界, 2014 (04):38-42.

④ 郭庆海.新型农业经营主体功能定位及成长的制度供给 [J]. 中国农村经济, 2013 (04):4-11.

适合采用公司化经营，重点是发展壮大农业产业化龙头企业 [①]。

2.3.3 新型农业经营主体培育现状

对于新型农业经营主体的培育与发展战略，学界给予了高度重视，针对目前中国新型农业经营主体现状，很多学者就其发展路径、培育方式等问题展开了深入的讨论。

一、关于调查总结新型农业经营主体培育及发展现状

从全国层面上看，张红宇和杨凯波梳理欧美等国家庭农场发展趋势发现，家庭农场是农业生产中最可靠、最高效的经营方法之一。我国家庭农场经营的产业和发展模式呈现出多样化的趋势，虽然数量迅速增长、规模逐步扩大，但仍处于数量扩张阶段 [②]。彭超与杨久栋的研究显示，在过去十年，我国有超过一亿家农户参与到合作社的活动中，占全国农户总数的近47%，每个合作社平均拥有大约60户成员 [③]。各种合作社的生产经营基本上覆盖了整个农业生产的每一个环节，将农业经营的收购、储运和营销等多个方面都进行了衔接，将农村一、二、三产业的各种业态都进行了整合，农户家庭分散、小规模经营所遇到的问题基本都已被解决，农业的组织化和市场化水平也得到了提升。高杨和王军等研究人员的研究发现，我国农民合作社的发展仍然面临着地区发展不平衡、融资困难和管理不规范等问题。从地区发展不平衡的角度来看，东

---

① 陈晓华. 大力培育新型农业经营主体——在中国农业经济学会年会上的致辞 [J]. 农业经济问题，2014, 35（01）: 4-7.

② 张红宇，杨凯波. 我国家庭农场的功能定位与发展方向 [J]. 农业经济问题，2017, 38（10）: 4-10.

③ 彭超、杨久栋. 2018中国新型农业经营主体发展分析报告（二）[N]. 农民日报，2018-02-23（004）.

部地区的合作社数量和规模都高于中西部地区[①]。郭芸芸和王振东等学者指出，在地缘政治和局部冲突加剧的复杂国际背景下，以及国内改革发展稳定任务的巨大挑战下，我国农业企业已步入高质量发展的新阶段，500 强农业企业在区域、行业和规模分布上更趋于均衡，发展动力更为强劲；同时，也需要关注农业企业在发展过程中不断上升的经营成本和尚待解决的品牌建设不足等问题[②]。从地域角度来看，许多学者对传统农业大省如安徽、山东、四川和陕西等的新型农业经营主体的发展现状、取得的成果、典型模式以及成功路径等方面进行了调查和分析[③④⑤⑥]。这些相关的研究成果对于各地新型农业经营主体的培养和发展提供了重要的实践参考和政策指导。

二、关于新型农业经营主体存在的问题及培育策略

通过对国内外学者的研究成果进行梳理，可以观察到新型农业经营主体在生产规模、筹资、土地转让和人才方面仍需应对一些难题和挑战。

1. 新型农业经营主体的适度规模经营

陈春生指出，多元化的当代农村就业结构对传统农业造成了较大冲击，同时也展现了家庭农场等新型农业经营主体的优势，尽管在实践中仍存在一些问题需要解决，但对于中国当前的农业发展来说，规模化生

---

① 高杨，王军，魏广成，孙艺荧. 2021 中国新型农业经营主体发展分析报告（一）[N]. 农民日报，2021-12-17（004）.

② 郭芸芸，王振东，胡冰川，王景伟，王允. 2022 中国新型农业经营主体发展分析报告（一）[N]. 农民日报，2022-12-28（004）.

③ 周天. 湖北省新型农业经营主体发展现状及对策 [J]. 湖北农业科学，2014，53（16）：3952-3955.

④ 王凤. 旺苍县新型农业经营主体发展现状及对策研究 [J]. 四川农业与农机，2023（02）：63-64.

⑤ 吴金龙，李华康，阮冬秀. 阜阳市新型农业经营主体发展现状及对策 [J]. 现代农业科技，2023（05）：198-200+204.

⑥ 彭越. 培育新型农业经营主体，发展适度规模经营的现状、问题与对策——以河北省唐山市为例 [J]. 农业开发与装备，2019（09）：19+36.

产仍然是正确的发展路径[①]。高晓溪和段红飚指出，当前我国农业的规模化生产仍存在许多不足，例如缺乏技术支持、经营规模不足以及外部金融支持不足等问题[②]。欧春梅和邵砾群提出，适度的经营规模是我国当前农业发展走向现代化的关键。现代农业的发展需要朝着适度规模化经营的方向迈进，但要实现这个目标仍然非常困难，需要付出大量的精力和时间[③]。在已有的研究成果中，可以看到，现代农业发展的重要途径是"规模化"。而要达到全面发展的现代化目的，就需要保证适度的规模经营。但是，关于"适度"的标准还有待学界与业界更多的讨论。

2. 新型农业经营主体的融资问题

国内外新型农业经营主体的发展情况显示，能否获得充足的资金支持已成为决定规模化生产的关键因素。基于这一前提，许多学者结合我国农业发展的实际情况和未来需求在研究过程中将重点放在金融机构和相关政策上。经过长期研究，楼栋指出，不论是哪种类型或经营模式，都面临资金短缺的问题[④]。凌鉴宇和毛金芬认为，在农村经济发展过程中，农村金融体系的缺失对经济发展产生严重影响。一方面，新型农业经营主体缺乏相应的抵押物或担保；另一方面，农村金融相关的政策不完善。因此，新型农业经营主体难以获得所需的发展资金，解决这一问题必须从金融政策等方面入手。同时，他们指出导致融资困难的因素非常复杂，其中更重要的原因是复杂的贷款程序和高利率[⑤]。以江苏省为例，林乐芬、法宁率领的研究团队通过对大量新型农业经营主体的研究

---

① 陈春生. 中国农户的演化逻辑与分类 [J]. 农业经济问题，2007（11）：79-84+112.

② 高晓溪，段红飚. 我国农业公司经济绩效研究 [J]. 农村经济与科技，2015，26（03）：106-107.

③ 欧春梅，邵砾群. 新型农业经营主体技术效率研究综述与展望 [J]. 北方园艺，2019（06）：187-192.

④ 楼栋，孙祥智. 新型农业经营主体的多维发展形式和现实观照 [J] 改革. 2013（02）：65-77.

⑤ 凌鉴宇，毛金芬. 区块链金融环境下江苏省农村中 小企业融资模式设计 [J]. 农村. 农业. 农民（B版），2023（05）：26-28.

发现，其中普遍存在的问题是资金不足，同时在发展过程中也需要大量的投资①。同样地，仝爱华等学者在对新型农业经营主体的资金支持进行研究时也认为，在现有的融资制度与政策下，目前的资金缺口无法得到解决②。综上可见，融资问题被国内学者普遍视为困扰新型农业经营主体培育的关键。但更多的研究集中于对金融机构体系的研究，而没有对公共政策供给进行深入的研究。

3. 土地流转对新型农业经营主体培育的影响

伴随着城市化进程的加快，大批青壮年外出务工，因此，在发展新型农业经营主体规模化道路上，农地经营权转让就成了目前对农户权利的保护。楼栋和孔祥智认为，新型农业经营主体与传统农业经营主体的主要区别在于能够实现规模经营，而土地流转是实现规模经营的必要方式③。何军和朱成飞认为，为了更好地保障新型农业经营主体的土地经营，并提升经营水平与稳定性，必须完善农村相关管理制度，引导和促进农民进行土地流转④。张海鹏和曲婷婷认为，传统小规模农业经营存在土地面积小、地块零散的问题，规模化是新型农业经营主体发展的必然路径，必须解决土地细碎化问题⑤。陆梦秋认为，新型农业经营主体的建设是乡村振兴的重要任务，推动农村土地经营权流转有助于实现零散分布土地的集中管理与规模生产，改善农业生产效率，推动农业振兴⑥。梳理了国内学者对此的研究结果，我们认为，推动规模经营是培育新型农

---

① 林乐芬，法宁. 新型农业经营主体融资难的深层原因及化解路径 [J]. 南京社会科学，2015（07）：150-156.

② 仝爱华，姜丽丽. 金融支持新型农业经营主体发展建议 [J]. 合作经济与科技，2016（19）：3.

③ 楼栋，孔祥智. 新型农业经营主体的多维发展形式和现实观照 [J]. 改革，2013（02）：65-77.

④ 何军，朱成飞. 新结构经济学视角下新型农业经营主体发育与农村土地流转方式选择——以江苏省为例 [J]. 东北师大学报（哲学社会科学版），2020（02）：45-53.

⑤ 张海鹏，曲婷婷. 农地经营权流转与新型农业经营主体发展 [J]. 南京农业大学学报（社会科学版），2014，14（05）：70-75+83.

⑥ 陆梦秋. 乡村振兴战略下的现代农业创新发展研究 [J]. 农村经济与科技，2019，30（05）：32-33+138.

业经营主体的基础，而实现这一规模经营的重要方式就是土地经营权的转让。

4. 人才培育对新型农业经营主体的影响

运用现代科技，实现规模经营，是新型农业经营主体的一个重要特征。让企业的经营管理人员迅速地掌握农业高新技术和经营管理新理念、新思想，使生产力得到提升，这对新型农业经营主体的发展是非常重要的[①]。陈淑玲和侯代男指出，我国农村地区经济发展水平还相对滞后，新型农业经营主体质量还需提升。[②]詹孟于等学者认为，尽管新型农业经营主体在数量和规模上取得了显著发展，但在会计职能体系建设方面仍缺乏信息化人才[③]。周广竹指出，新型农业经营主体的发展必须注重员工的技术培训。地方政府应协调和整合分散的职业培训资源，建立科学的培训体系，满足不同类型企业主体的人力资源需求，并通过优惠政策吸引农业大学生到农村就业[④]。通过综合学术界的观点不难发现，人才支持对于新型农业经营主体的发展至关重要。

三、关于新型农业经营主体发展趋势的研究

已有的研究可以概括为两大类：一是单主体发展论；二是多主体多元化发展论。单主体发展论更倾向于推崇某一类经营主体的发展[⑤]。例如，王文龙认为专业大户在政策规制和市场变化中拥有更大的自由度，未来将快速发展，而中农则会不断分化和萎缩，家庭农场和专业合作社的发展将较为缓慢，退休农场在中国难以取得成功[⑥]。姜长云阐释了家庭

---

① 王路瑶. 新型农业经营主体的培育机制与发展路径研究 [D]. 河北经贸大学,2022.

② 陈淑玲，侯代男. 新型农业经营主体的培育与农村地区经济转型升级问题研究 [J]. 农业经济，2019（07）：30-32.

③ 詹孟于，曾子涵，刘金彬. 新型农业经营主体的会计职能需求及其体系构建 [J]. 河北经贸大学学报，2020，41（06）：94-100.

④ 周广竹. 新型农业经营主体的发展困境与调适策略 [J]. 农业经济，2021（05）：17-18.

⑤ 谢玉梅，孟奕伶. 新型农业经营主体发展研究综述 [J]. 江南大学学报（人文社会科学版），2015，14（05）：69-76.

⑥ 王文龙. 中国农业经营主体培育政策反思及其调整建议 [J]. 经济学家，2017（01）：55-61.

农场作为农业经营的主导形式的必要性，并认为家庭农场作为新型农业经营体系的核心力量，代表了我国未来农户结构演变的方向[1]。张红宇认为，在配置效率、经营绩效和保障农民利益等方面，家庭经营类主体表现更为优越，应将其作为未来重点扶持的新型农业经营主体[2]。然而，部分学者主张我们应当鼓励专业合作社和综合性合作社的并行发展，这是因为未来我国将继续保持规模农场和兼业小农共存的局面，对农业社会化服务有着强烈需求[3]。

---

[1] 姜长云. 龙头企业与农民合作社、家庭农场发展关系研究 [J]. 社会科学战线，2018（02）：58-67.

[2] 张红宇. 新型农业经营主体发展趋势研究 [J]. 经济与管理评论，2015, 31（01）：104-109.

[3] 马彦丽，胡一宁，都悦平. 中国农民专业合作社的异化及未来发展 [J]. 农村经济，2018（05）：104-109.

理论基础和 第三章
分析框架

3.1　概念界定

3.1.1　企业家

　　企业家概念，自提出后内涵不断丰富，学者从关注企业家内涵发展到研究企业家与经济发展的关系，将其视作同物质资本并列的生产要素。本书将学者对企业家内涵的研究划分为精神学派、职能学派和人力资本学派。

　　一、以创新、冒险精神为核心的精神学派

　　熊彼特认为，创新是企业家精神的灵魂，冒险是企业家精神的天性。他十分推崇企业家的创新活动[①]。企业家精神是推动经济增长和创新的关键因素。他将企业家视为一种主观的创造能力，具有判断未来和承担风险的能力。企业家不仅仅是个体行为者，更是一种创造性的社会现象。他还强调企业家的非理性行为和判断，认为他们经常凭借直觉和个人目标来作出决策，而非完全依赖于市场信息和计算。除此之外熊彼特还提出了"创新赚取利润"的说法，即企业家通过创造新产品、开辟新市场以及优化资源配置等方式获得超额利润。这种利润不仅仅是对创业者个人的回报，更是对创新和创业活动的激励和奖励。

　　奈特认为，企业家喜欢从事有创造性的工作，更倾向于冒险，也喜

---

① 熊金武，窦艳杰. 约瑟夫·熊彼特：企业家精神的理论奠基者 [J]. 金融博览，2021（01）：68-69.

欢不确定性。作为企业家的本性就是擅长承担不确定性[①]。企业家是经济发展的核心动力。他将企业家视为一种能从事创造性和创新性的力量，具有探索未知领域和组织资源的能力。企业家精神不仅仅存在于个体企业家身上，也存在于组织和社会层面。企业家精神能够激发创新和竞争，推动市场的发展和经济的繁荣。另外，奈特还强调企业家的责任和道德义务，认为企业家应该在追求利润的同时，关注社会福祉和道德规范，尽力为社会做出贡献。

企业家的行为不仅仅是经济行为，更是一种社会行为。他们通过创新和创造来改变社会结构，促进社会进步和发展。他们的存在和活动激励了其他人参与创业和创新，推动了经济的竞争和发展。熊彼特和奈特对于精神学派企业家的分析强调了其创造性和创新性的行为，以及对经济和社会的重要影响。他们的理论为我们深入理解企业家精神提供了重要的观点和框架。在今天的经济环境中，精神学派企业家的作用变得更加重要，他们能够推动创新和经济发展，为社会带来更多的福祉。

二、强调企业家和资本职能的职能学派

马克思在《资本论》中提到担当企业家角色的资本家从法律层面上讲是财产的直接所有者，他们拥有企业的所有权、经营权、统决权和控制权，是企业的直接经营者。从社会层面上来说，企业家在社会上形成的整体力量，使他们成为资本主义社会的"工业的司令官"，追求利润和超额利润是资本家的职能[②]。企业家是资本主义制度中的一员，他们通过占有和管理生产资料来获取利润。他们是资本主义经济中的剥削者，他们剥削工人阶级的剩余价值，导致社会阶级对立和不平等。

萨伊主要从生产要素职能来分析企业家。他认为企业家是组织生产要素运用于价值创造、并在财富生产中发挥先导性和支配性作用的"生

---

① 何树贵. 企业家：不确定性的决策者——奈特的企业家理论述评 [J]. 南京广播电视大学学报，2010（01）：108-111.

② 陈才庚. 马克思《资本论》中蕴含的企业家理论 [J]. 江西社会科学，2003（11）：51-54.

产性劳动"；在经济活动中处于核心地位，是经济发展的主导力量①。德鲁克继承和发展了熊彼特的思想，认为企业家是创新的主体，创新是企业家精神中最重要的②。按照德鲁克的观点，企业家在企业发展过程中扮演三种角色：一是组织的奠基人；二是自有企业的管理者；三是他人所拥有企业的创新型领导者。德鲁克认为，企业家并不一定是创始人或拥有大公司的所有者，而是一种角色和行为方式。他相信企业家不仅存在于商业领域，也存在于非营利组织和公共部门。德鲁克还强调，企业家应该具备领导能力和责任感，能够激发团队的激情和能力，并在不断变化的社会环境中推动组织的发展和成长。他认为，企业家的成功不仅取决于个人的能力和才华，也取决于其与环境的互动和适应能力。

柯兹纳将企业家视为创造者和创新者。他认为，职能学派企业家通过创造新的产品、服务和市场，推动经济增长和创新。他强调企业家应具备创造性思维和创新能力，能够适应不断变化的市场环境。柯兹纳在其著作《竞争与企业家精神》中，基于信息不完全理论提出了有关企业家的观点，他认为市场是资源所有者、生产者和消费者决策相互作用的场所，通过市场机制的作用达到均衡。在信息不完全的市场环境下，企业家需要及时地寻找对买方和卖方都有益的机遇，并且充当中介来促成这一交易。因此，企业家精神的本质就是以深刻而敏锐的洞察力去发现机会③。

三、以推动经济增长和社会变革为核心的人力资本学派

人力资本学派强调人力资本的投资对于个人和社会的经济发展具有重要意义。在这一学派中，企业家被视为人力资本的重要组成部分，他们被认为是创造和推动经济增长的关键力量。

---

① 李晓. 企业家并非资本家——重评企业家理论史上的萨伊 [J]. 清华大学学报（哲学社会科学版），2021, 36（03）：192-204+210.
② 吴彩云. 论德鲁克创新文化思想 [D]. 山东师范大学，2014.
③ 柯兹纳著；刘业进译. 竞争与企业家精神 [M]. 杭州：浙江大学出版社，2013.

赫伯特·西蒙认为企业家是那些通过创造新的组织或产品来改善社会经济状况的人。他关注的是企业家对社会系统的影响，而不仅仅是他们个人的创新能力。企业家是那些能够识别和利用不同资源之间的差距和机会的人。他们能够看到市场需求、技术进步和社会变化的潜力，并通过创造新的组织和产品来满足这些需求。除此之外他还将企业家与经理人进行了区分。他认为企业家更注重创新和冒险精神，而经理人更注重组织和管理能力。他认为企业家和经理人之间存在一种互补关系，他们共同推动了经济发展和社会变革。总的来说，赫伯特·西蒙将企业家定义为那些通过创造新的组织或产品来改善社会经济状况的人，他们能够识别和利用机会并推动社会变革。

3.1.2 企业家才能

企业家才能是指一个人在创办、管理和发展企业过程中所具备的一系列能力和素质。目前来看，许多文献与企业家才能密切相关的概念主要有企业家才能、企业家精神、企业家人力资本。关于企业家才能有时候也可以表述成为企业家能力。对于一位合格企业家所需的能力包括但不限于以下能力：创新能力、决策能力、领导能力、组织能力、市场洞察力、风险意识、市场营销能力、财务管理能力、人际关系能力、战略规划能力等。总而言之，企业家才能被认为是成功创业和经营企业的重要因素，能够使企业家识别商机、抓住机会、应对挑战、创造经济价值并推动社会发展。

3.1.3 新型农业经营主体

2008年10月，《中共中央关于推进农村改革发展若干重大问题的决定》指出，要发展多种形式的适度规模经营，有条件的地方可以发展专业大户、家庭农场、农民专业合作社等规模经营主体。2013 年 11 月，《中共中央关于全面深化改革若干重大问题的决定》指出，坚持家庭经营在农业中的基础性地位，推进家庭经营、集体经营、合作经营、企业经营等共同发展的农业经营方式创新，加快构建新型农业经营体系。2017 年 5 月，中共中央办公厅、国务院办公厅《关于加快构建政策体系培育新型农业经营主体的意见》指出，加快培育新型农业经营主体，形成以农户家庭经营为基础、合作与联合为纽带、社会化服务为支撑的立体式复合型现代农业经营体系。由此可见培育新型农业经营主体已成为大势所趋。

随着农业现代化的推进、农村土地承包经营权流转以及农村产业结构的转型升级，越来越多的新型农业经营主体涌现出来，新型农业经营主体是指在农业领域新兴的组织形式和经营主体类型，既包括农业企业，也包括农民合作社、家庭农场等多种形式。新型农业经营主体在农业生产、经营、管理等方面具备创新性和灵活性，以便适应农业现代化发展和市场需求变化的要求。它们通常采用现代农业技术和管理方式，注重农业规模化、专业化和社会化，通过整合资源、共享市场、加强合作，提高农产品质量、品牌价值和市场份额。新型农业经营主体的出现和发展，不仅有助于推动农业产业结构调整、提高农业生产效率、增加农民收入、加强市场竞争力，也有助于农业现代化和农民就业问题的解决，促进农村经济发展和农村社会稳定。本研究所提到的新型农业经营主体主要指的是家庭农场、农民合作社和农业企业。家庭农场是指由一家人或一个家庭经营的农业生产单位，通常在农村地区设立，在有限的土地面积上进行农业生产活动。家庭农场的规模相对较小，通常仅依靠家庭成员的劳动力进行经营，不雇用大量员工。在农业生产中以小规模、家庭经营的特点而闻名，主要种植粮食、蔬菜、水果等农作物，养殖家禽和畜牧等。家庭农场的经营方式多样化，可以根据家庭成员的兴趣爱好和市场需求进行选择。其经营目标通常是为了实现家庭生计和增加家庭收入，同时也能够提供当地农产品供应服务，促进农村经济发展。农民合作社是指由一群农民自愿组成的经济组织，旨在通过合作和互助的方式共同经营农业生产和农村经济活动。农民合作社主要有以下特点：首先，农民合作社是由农民自愿组成的，农民可以根据自己的需要和意愿选择加入或退出合作社；其次，合作社的成员共同出资、共同劳动、共同经营农业生产和相关经济活动，分享经营成果和利润；再次，农民合作社通常采取民主管理制度，成员有权参与管理决策、选举和被选举。合作社成员共同承担农业生产的风险和责任，在经济困难或遭遇灾害时互相帮助和支持；最后，农民合作社的目的是通过集体经营、规模化管理等方式，提高生产效率，降低成本，增加农民的经济收益。农民合作社在农村经济发展中起着重要作用，能够促进资源的合理利用，提高农业生产水平，增加农民收入，促进农村经济的可持续发展。农业企业是指经营农业生产、加工、销售等农业业务的企业或组织。农业企业可以包括农场、农产品加工厂、农业科研机构、农民专业合作社、农业技术服务机构等。其经营范围涵盖农作物种植、畜牧养殖、渔业养殖、林业种植等农业相关领域。农业企业的目标是实现农业生产的高效、可持续发展，为农业生产者提供高质量的农产品，满足市场需求，并创造经济效益。

3.2 企业家才能相关理论

3.2.1 风险与不确定性理论

奈特打破了传统经济学"信息对称"的假设，在《风险、不确定性与利润》一书中首次将不确定性作为一个独立范畴进行系统研究，阐述了风险、不确定性以及利润分配理论。信息对称性、风险同质性等是理解风险、不确定性与利润的关键要素。首先，不确定性源于市场主体无法完全掌握与经济运行相关的所有市场信息，正如奈特所说："在经济学中，不确定性问题的根源是经济过程本身的未来性。"[①] 其次，风险又可进一步在质性上进行区分，同质性的是可度量的，称作风险，具体指所有相关的事件都具有唯一确定的概率分布环境下的不确定性；异质性的不确定性不可度量，称作模糊性，具体指某些或全部事件具有不确定的或者难以观测的概率分布环境下的不确定性[②③]。奈特进一步分析指出，正是经济活动中的不可预测性导致利润产生，企业家需要承担面对不确定性作出决策的风险，因此由这类决策产生的"净利润"应当由企业家所有，而其余因为日常组织协调管理产生的工资在性质上与其他劳动者的工资收入没有差别。因此，企业家才能体现在对不确定性的综合研判并作出正确决策行为，为企业盈利。

3.2.2　创新理论

熊彼特在《经济发展理论》（1912）中提出了"创新理论"。他首先区分了经济增长和经济发展，认为经济增长仅仅是量的增加，经济发展还包括质的提升。提升经济发展质量需要打破原有均衡，即"破坏性"地以新的组合方式使用劳动力、土地等生产要素，具体包括采用一种新的产品、采用新的生产方法、开辟一个新的市场、取得或占有原材料或半成品的新的来源、执行一种工业的新组合，创造新的经济增长函

---

① 弗兰克·H. 奈特著. 风险、不确定性与利润 [M]. 北京：商务印书馆，2017.

② 姜奇平. 重读奈特《风险、不确定性与利润》[J]. 互联网周刊，2019（21）：70-71.

③ 许万紫. 奈特不确定环境下的不可逆投资决策 [D]. 上海财经大学，2022.

数等①。从而实现经济发展质的提升。而实现上述创新在现实中会面临路径依赖的阻力，企业家才能就体现在打破固有习惯，实现生产要素的新组合。"我们把新组合的实现称为企业；把职能是实现新组合的人们称为企业家。"②在熊彼特的创新理论中，企业家的才能就体现在善于发现和捕捉机会，勇于打破均衡和突破固有习惯，在实践上实现生产要素新组合。

3.2.3 人力资本理论

作为古典政治经济学的代表，魁奈、威廉·配第、恩格尔、亚当·斯密、约翰·穆勒、大卫·李嘉图等在人力资本方面都作过阐释。早期的经济学家们都意识到了人与经济增长、财富创造的关系，可视作人力资本思想的萌芽，为人力资本理论的正式提出奠定了思想基础。魁奈在《人口论》中阐述了人口增长和财富增长的关系，认为人口增长依靠财富增长。威廉·配第在《赋税论》中提出了著名的"土地为财富之母，而劳动则为财富之父和能动的要素"的著名观点，率先明确提出并使用"人的经济价值"概念，论证了人口数量、体质、技能和经济增长的关系。亚当·斯密在《国民财富的性质和原因研究》中正式提出人力资本思想，将人力资本视作学习能力，论证了人的学习能力对社会生产的重要促进作用。亚当·斯密进一步指出，学习能力可通过后天习得，学习技能的过程就是人力资本投资过程。约翰·穆勒进一步聚焦到劳动者掌握的知识和技能，并且指出"因为工人灵巧的双手、管理者的才智以及自然力和物体性质的知识（这种知识可转而服务于工业），都极大地提高了工业的效率……知识的进步及其在工业上的应用，会使同样数

---

① 熊金武，窦艳杰. 约瑟夫·熊彼特：企业家精神的理论奠基者 [J]. 金融博览，2021（01）：68-69.

② 约瑟夫·熊彼特著. 经济发展理论 [M]. 北京：商务印书馆，2017.

量和同样强度的劳动生产出更多的产品"。①所以人力资本是一种国家财富。萨伊在此基础上提出"劳动、资本、土地"三要素说，并且关注到了具有特殊才能的企业家群体。李斯特提出"生产能力"概念，并把生产能力分为"自然资本、物质资本和精神资本"，自然资本指自然资源中的土地、海洋、矿产等，物质资本指用于生产过程的全部直接和间接生产资料。精神资本包括技能、训练、企业等，"各国现在的状况是在我们以前许多世纪一切发现、发明、改进和努力等积累的结果，这些就是现代人类的'精神资本'"。李斯特所说的精神资本显然具有人力资本的内涵，并且在三种资本中最为重要。

3.3 企业理论

3.3.1 分工理论

《国富论》第一章即为"论分工"，分工理论成为亚当·斯密解释经济现象的逻辑起点，首先，他认为分工起源于各人才能的自然差异性，其次，他阐释了分工促进生产效率提高的三点理由：第一，分工使劳动的技巧增进、促进了操作的专业化、简单化，使工人能很快掌握和提高技术，提高劳动熟练程度；第二，分工专业化可节省工种、工序转换的时间；第三，分工使操作简化，为那些简化劳动和缩减劳动、提高效率的工具与机械的发明，创造了有利的条件②。马克思在批判继承古典政治

---

① 约翰·斯图亚特·穆勒著；金镝，金熠译；晏智杰主编.政治经济学原理 [M].北京：华夏出版社，2017.
② 倪新兵，宋学义.试论马克思分工理论对斯密分工理论的超越——基于共同富裕的视角 [J].宁夏社会科学，2022（03）：38-43.

经济学分工理论基础上，更进一步论证了分工协作与资本主义生产方式产生的关系，"许多人在同一生产过程中，或在不同的但互相联系的生产过程中，有计划地一起协同劳动，这种劳动形式叫作协作"，马克思把"协作"视为资本主义生产方式的起点 [1]。马克思进而看到了分工与人的异化之间的关系，"人类的真正解放不仅要从各种剥削与压迫中解放出来，还要从各种由社会发展水平与社会分工造成的片面化中解放出来，以使每个人都能够自由而全面地发展"。基于此，马克思提出"消灭分工"，在大力发展生产力的同时推动生产方式的变革。

3.3.2 契约理论

契约是双方或多方当事人之间的合同，有广义和狭义之分。前者指所有的法律、制度关系，后者指所有的商品和劳务交易。将契约理论运用于经济学领域是为了解决在信息不对称条件下可能出现的道德风险、敲竹杠和承诺问题，肇始于科斯发表的《企业的性质》，后发展出交易成本理论和委托代理理论两大分支。其中交易成本理论又分为不完全契约理论和公司理论。科斯认为企业比市场能更有效地组织交易，因为企业内部大多数交易不受精准合同的约束 [2]。但科斯提出的"零交易费用"假设还需进一步完善。威廉姆森完善了不完全契约理论和公司理论，其核心贡献在于将交易费用量化，分解成资产专用性、不确定性和交易频率三个维度，但是没有解释清楚雇用和被雇用之间的不确定性。奥利弗·哈特提出了剩余控制权，为解决契约不完备时产生的敲竹杠问题提供了可行的解决方案 [3]。在不完全契约理论的应用方面，哈特主要将其应

① 马克思 . 资本论 : 第 1 卷 [M]. 北京 : 人民出版社 ,2018.
② Coase R.H .The Nature of the Firm[J].Economica, 1937, 4（16）: 386-405.
③ Williamson O.E .Market and Hierarchies:Analysis and Antitrust Implcations[J].New York:Free Pres,1975.

用于公司财务领域和公司内决策权的分配。

　　霍姆斯特姆的贡献在于发展了完全契约理论，为解决承诺问题做出贡献[①]。股份制企业出现，企业所有权和经营权分离后，传统契约理论对企业新形态缺乏解释力，委托代理理论应运而生。委托代理理论假设委托人和代理人之间信息不对称，二者存在利益冲突，在上述假设基础上委托代理理论旨在找到达到代理人和委托人利益最大公约数的最优契约。本特·霍姆斯特姆在后续研究中深入委托代理关系更丰富的样态，包括双人委托、多人委托等。为了解决代理人在多项任务之间的套利行为，霍姆斯特姆提出了激励平衡原则，构建了共同代理模型等[②]。

3.4　企业家才能赋能新型农业经营主体分析框架

3.4.1　企业家精神赋能新型农业经营主体

　　分工理论解释了企业的起源，契约理论回答了如何处理企业内部成员之间的关系问题。企业家的作用在于有效利用生产要素，实现利润最大化目标。众多研究表明，企业家才能与新型农业经营主体之间呈现正相关关系。这种耦合性体现在新型农业经营主体的市场适应性与企业家才能的匹配性上。如前文所述，新型农业经营主体是由有思路、懂经营、会技术的职业农民发展而来，要求其不仅具有传统农户的专业技能，还要能够面对市场，处理与消费者、企业、政府等利益相关者的关系。新型农业经营主体经营是否成功很大程度上取决于经营主体是否能

---

① 聂辉华. 契约理论的起源、发展和分歧 [J]. 经济社会体制比较，2017（01）：1-13.
② 温思美，黄冠佳，李天成. 现代契约理论的演进及其现实意义——2016 年诺贝尔经济学奖评介 [J]. 产经评论，2016，7（06）：5-11.

适应现代农业发展要求，实现农业的内涵式发展，即以市场需求为导向的高质量发展，推动农业发展质量变革、效率变革、动力变革，提高农业全要素生产率。人力资本理论将人视作重要的生产要素。如前文所述，企业家精神所强调的核心内容创新精神、冒险精神正是新型农业经营主体在现代农业发展过程中面对市场不确定性所必需的精神才能。实现上述目标，首先要求农业经营主体具有创新精神，创新是打破均衡的破坏性增长过程，即要求经营主体能够根据市场需求变化捕捉新商机，或者改变生产要素投入组合，或者改变传统营销方式，或者实现生产组织方式的创新，从而为农业组织创造竞争优势和可持续发展能力等。如在构建循环种养殖模式的基础上打造出有机种养殖农产品，增加农产品附加值[1]。

然而创新是一种风险行为，虽然创新成功能为企业带来巨大利益，但是企业也可能因为创新失败而蒙受巨大损失，企业创新决策是典型的风险决策[2]。企业家承担风险的内在动力在于通过创造的崭新商业模式从而开辟新市场、改善销售模式等创新行为实现企业绩效提升。同时创新与风险相伴而行，新型农业经营主体面临的风险要远远高于传统小农户，需要承担农业弱质性和来自市场的叠加风险。根据奈特风险理论，风险来自不确定性。在传统农业向现代农业转型升级过程中，新型农业经营主体面临市场风险、自然风险、社会风险、融资风险、政策风险、技术风险等[3]。具体而言包括主体经营失败、土地规模化陷阱以及农业产业特征导致的投资周期长、收益慢等。例如规模化经营增大了土地使用需求量，导致土地流转费用大大提高，由于农产品属于需求缺乏弹性商

---

① 戈锦文，孟庆良，魏晓卓. 新型农业经营主体企业家才能结构与培育策略 [J]. 经济论坛，2022（05）：145-152.

② 徐炜锋，阮青松，王国栋. 私营企业家外部环境风险感知与企业创新投入 [J]. 科研管理，2021，42（03）：160-171.

③ 刘畅，邓铭，苏华清等. 家庭农场经营风险测度及其影响因素研究 [J]. 农业现代化研究，2018，39（05）：770-779.

品，显著增加了农户经营成本。其次，发展规模化农业经营需要大量资金支持，贷款等融资行为都会增大经营风险。目前，我国新型农业经营主体大多由传统农户演化而来，整体素质不高，又增加了在处理合同签订、合同履行、经营主体间行为博弈产生的不确定以及经营、销售等方面的风险。因此，新型农业经营主体的生成、培育和发展都需要有企业家的冒险精神，具有风险偏好，勇于承担风险，才能促进新型农业经营主体的成长，切实发挥其在农业现代化进程中的作用，回答好"谁来种地"的问题。

3.4.2 企业家职能赋能新型农业经营主体

根据前文研究，企业家职能包括经营职能、管理职能等。从人力资本的角度来看，是企业家通过学习和积累而获得的，所以，新型农业经营主体的经营职能和管理职能都是要在干中学的。结合新型农业经营主体在农业现代化进程中承担的职责和实际行为，本文将其经营管理职能具体划分为战略规划能力、战略决策能力、资源整合能力、研发设计能力等。有学者认为，战略规划能力包括使命和愿景设计能力、环境分析能力、战略目标设定能力和战略匹配能力[1]。结合本文研究对象，认为战略规划能力指全面了解国内外市场走势，调查不同农产品的市场份额，主动分析市场需求，进行准确的预判，降低农产品销售风险。战略决策能力指在尽可能全面掌握市场信息的基础上，准确分析信息，做出企业生产什么、生产多少、如何生产等一系列决策。资源整合能力指经营主体通过在种植、培育、生产、销售等环节发掘新要素、创新既有生产要素新组合，合理提高资源要素的生产率和利用率。研发设计能力指

---

① 张建琦，郑新，章文心. 企业家战略规划能力的构成及其影响的实证分析——以广东省中小民营企业为例 [J]. 南方经济，2008（03）：72-79.

在农产品培育、销售、农业服务社会、完善利益联结机制等方面培育新品种、创新销售模式、扩大合作经营范围、创新服务带农方式等。新型农业经营主体要做大做强，需要发展优势特色产业，发展新产业、新业态，推动品种培优、品质提升、品牌打造和标准化生产，需要新型农业经营主体在掌握专业技术的同时具有上述能力，发挥出规模经营优势，积极应用现代农业科技，带动农业发展。尤其需要指出的是，新型农业经营主体既需要企业家的创新精神和冒险精神，还需要具有实实在在的经营管理能力，如果缺乏创新精神和冒险精神，就不具备发现新的经济增长点的可能，如果缺乏经营管理能力，创新精神和冒险精神就无法落地，农业生产难以进入现代化轨道。

企业家才能赋能新型农业经营主体历史沿革

第四章

4.1　新型农业经营主体发展历史沿革

4.1.1　1949 年至 1978 年农业经营主体发展概略

从 1949 年新中国成立至 1978 年，农业经营主体经历了家庭经营、合作经营和人民公社集体经营等形式。

在土地改革时期，实行家庭经营模式。1950 年，中央人民政府颁布的《中华人民共和国土地改革法》第一条明确提出，"废除地主阶级封建剥削的土地所有制，实行农民的土地所有制，借以解放农村生产力，发展农业生产"。到 1952 年年底，全国大部分地区完成了土地改革，这意味着超过 3 亿农民终于拥有了自己的土地。土地改革彻底颠覆了几千年来的封建地主制度，开始实行土地农民所有，让农民家庭可以自主经营土地[①]。

在农业合作化运动初期，通过成立互助组和初级合作社来实现合作经营。第一是互助组阶段。邻近的农户把他们的生产工具放在一起，互相帮助，共同耕种。在这个时期，农户对自己的土地具有一定的产权，以家庭为主要的农业经营方式，在农忙时节，农户之间会进行相互帮助，互助组在解决个体农户缺乏生产资料和劳动力问题上发挥着显著的作用，因此，参与互助组的农户通常能够实现更高的劳动生产率，超越那些独自经营的农户。1951 年 12 月，中共中央发布的《关于农业生产互助合作的决议（草案）》明确指出，农业生产合作社是互助组的进阶

---

① 王雅静. 企业家才能与新型农业经营主体发展研究 [D]. 扬州大学,2021.

形式，比互助组更优越，是农业向社会主义发展的过渡形式。第二个是初级合作社阶段[1]。在这个阶段，合作社的成员们开始共同合作，互相帮助，共同努力实现共同的目标。1953 年 12 月，中央通过《关于发展农业生产合作社的决议》，开始了对农业生产合作的探讨。这个时期，还是保持着对土地的产权，附近的二三十个农户拿着自己的土地，加入了这个合作社。初级社的经营方式是将土地入股，统一经营，并按照每个人的股份进行分红[2]。同时，他们采用包工包产的方式进行管理，并合理地分配资源。这种既有统也有分的方法，一方面对充分利用集体的力量，帮助个体农户的生产问题有所帮助，另一方面，这项政策还有一个好处，就是它能够让农户保持对自己的生产工具和土地的所有权，从而激发他们更积极地投入到生产中去。1956 年 3 月通过的《农业生产合作社示范章程》明确规定，初级阶段的合作社具有半社会主义的特征，即在经济组织形式上属于集体经济组织[3]。这些合作社的成立是基于自愿和互利的原则，即农民自愿加入合作社，并通过合作实现互利共赢的目标。虽然这个政策是建立在自愿和互惠的基础上的，但是在一些地方出现了一些盲目的倾向，如迫使农民加入合作社的现象。

在高级合作社的指导下，农业生产一直坚持着合作社的集体性原则，并且不断地进行着。1956 年 6 月，第一届全国人民代表大会第三次会议通过的《高级农业生产合作社示范章程》规定，如果农民想要加入合作社，必须把他们私有的土地、耕畜以及大型农具等重要的生产资料都转让给合作社[4]。此时，农民的土地不再属于个人所有，而是被无偿划归给合作社集体所有。同样，其他重要的生产资料也以低价的方式转让

---

[1] 陈柏峰.乡村振兴战略背景下的村社集体：现状与未来 [J].武汉大学学报（哲学社会科学版）,2018,71（03）:154-163.

[2] 武爱玲.建国后我国农村五次土改之比较 [J].农业经济,2011（06）:20-22.

[3] 施从美.当代中国文件治理变迁与现代国家成长——以建国以来中央颁发的土地文件为分析视角 [J].江苏社会科学,2010（01）:97-104.

[4] 陈海秋.改革开放前中国农村土地制度的演变 [J].宁夏社会科学,2002（05）:24-31.

给了合作社集体所有。这些土地和资料由合作社集体进行统一管理，并根据劳动产出进行利润分配。因此，农民个人失去了对农业生产资料的所有权，也失去了对生产的自主权。

在人民公社阶段，实行集体经营的模式。1958 年 8 月，中央通过《关于在农村建立人民公社问题的决议》，确立了人民公社制度，原来属于高级合作社的土地全部通过"一平二调"无偿划归人民公社所有，对农民实行工分制和分配制。由于出现了严重的危机局面，1960 年 11 月，中央决定将农村合作化的组织形式重新调整回到类似于高级合作社的合作化形式，并实行"三级所有，队为基础"的人民公社制度。人民公社制度的基本特征可以用"一大二公"来概括。其中，一大指的是规模大；二公指的是公有化程度高，也就是说公社的所有财产和资源属于集体所有。此外，人民公社制度还有一个基本特征是"政社合一"，原先的"农社"，仅仅是一个生产和经营的机构，而在人民公社制度下，"农社"变成了一个最基本的乡村政权机构，包括了管理、工业、农业、商业和教育等方面的职能。

在这个时期，所有的农业生产都采取了一种高度集中的生产经营模式、一种以行政指令为主的生产资料的分配方法以及一种以平均主义为主的分配方法，人民公社及国营涉农企业的生产经营活动，基本上都是按照国家的计划和上级的指令来进行的，而所有的个人和私人的经济都被视为资本主义的尾巴，受到了严厉的限制。

总之，土地制度变革以后，我国的农业管理方式就变成了农民拥有自己的土地，并且可以自主管理家庭。在互助小组时期，农户拥有自己的土地，并且自己管理和相互协作。他们是农业的经营主体，拥有充分的土地产权和生产的自主决策权。农户可以根据自己的家庭需求和外界环境变化，对自己的经营决策进行相应的调整。在农业经营主体的基础上，实现了对农业经营主体的产权与经营权的分离。这是一种基于家庭经营的合作经营模式，农户丧失了自主的权利，由合作社进行生产经营决策，但是农户仍然拥有一定的利益分配权利。到了中后期，就是把土地、生产工具等的产权归集体，把生产、管理归集体。到了人民公社时期，农村实行的是三层土地所有，集体生产和管理的方式。在这三个时期内，由农户到合作社，农户的独立性受到了压制，激励的作用发生了变化，导致农户的生产积极性受到极大的打击，导致农产品的产量和质量严重下降。从 1957 年至 1978 年，整个国家的农民每年的平均收入只有 70 多元，有四分之三的农民每年的收入还不到 50 元。

4.1.2　1978 年至 20 世纪末农业经营主体概述

自 20 世纪 80 年代以来，中国逐渐出现了一种新型组织——农技社。农技社主要的职责是为散户提供技术指导和技术培训。到了 20 世纪 90 年代中期，随着农村专业合作社的出现和发展，一些合作社开始转型，除了提供生产技术服务外，还开始从事商品销售等其他职能。实际上，进行组织制度创新的过程中，农民专业合作社这个经营主体能够更好地解决小农户与大市场之间的冲突。同时，在为社员提供服务的过程中，还能够实现自身的可持续发展目标。此外，还能够对周围的农户产生一定的辐射带动效应。在可以预期的将来，作为中国农业生产主体的中小规模农户将继续大量地出现，而农民专业合作社由于可以为生产商提供某种形式的利益共享，有着广阔的发展前景。

随着我国经济的迅猛发展，我国农村的经济也在飞速增长。一般来说，我们所说的"农业公司"是指一种采用现代化的经营模式，通过专业化的劳动和合作，从事商品化的农业生产和相关活动，并且以独立经营和自负盈亏为基础的经济组织。

我国的农产品加工行业，特别是农产品加工行业的龙头企业，在农产品加工行业中有着巨大的竞争力。随着我国农村经济社会发展水平的提高，我国农村经济发展水平和农民收入水平的进一步提高，农村经济社会可持续发展水平也越来越高。

以山东为代表，20 世纪 90 年代初期，山东省首先在全国范围内确立了以"产、销、贸、工、农、商、学、教"为中心的"一条龙"管理体系。《人民日报》以山东的实践为基础，以《论农业产业化》为主要内容进行了篇幅较长的评论，从而使"以此为中心"的理念得以在国内广泛流传。在 1997 年，"农业产业化"这一概念被正式纳入政府的政策中，这个概念的目标是帮助农业产业链实现垂直整合，以解决产销对接等问题。政府的重点扶持对象就是农业公司。而农业企业以自己为核心，建立了一种订单式的经营模式，其中包括与农户合作的"公司 + 农户"模式以及与中介组织和农户合作的"公司 + 中介组织 + 农户"模式 ①。这种经营模式在很多地方都得到了广泛的推行。

而且，在市场化不断深化的同时，企业与农民的订单农业也逐渐暴露出一些问题，其中最突出的就是合同的不稳定和过高的违约率。现有的研究显示，"公司 + 农户"的经营方式往往难以持续，其固有的不足在于其存在合同约束脆弱、难以协同。一方面，合同当事人之间签订的合同往往是不完整的，这就导致了合同履行过程中出现的"机会主义""欺诈"等问题。虽然从理论上讲，利用专用性投入、保障合同执行等手段，可以寻找出最佳合同模式，但实践中却鲜有成功案例。契约各方的市场势力往往处于不平衡或较弱的平衡状态，使得契约各方履行义务的难度较大，或者需要支付较大的交易费用。因其往往涉及两个主体之间的合同资源配置，资金短缺的小农会在收益分配过程中陷入被动和劣势，从而造成公司对小农权益的侵害。

在这种情况下，要求加快农民组织化的进程，让农民的市场声音变得更加强大，逐渐形成了整个社会共同的认识。从 2003 年开始，我国

---

① 钟真 . 改革开放以来中国新型农业经营主体成长、演化与走向 [J]. 中国人民大学学报 ,2018（04）.

开始进行与这个问题相关的立法工作。到了 2006 年 10 月，正式颁布了《中华人民共和国农民专业合作社法》。自从 2007 年 7 月 1 日开始实施《农业生产管理法》后，农民专业合作社取得了迅猛的发展。截至 2017 年 7 月，已有 193.3 万户农户在工商机关注册，相较于 2007 年增加了 74 倍，年均增长率达到 60%。而真正加入合作社的农民数量超过一亿人，约占全国总人口的 46.8%[①]。

自改革开放以来，中国的农业生产经历了一系列的变革。起初，以"小农"为主，但随着时间的推移，逐渐转向以"多种经营"为主的发展模式。在农业生产中，可以看到很多不同类型的参与者。首先是农户，也就是农民家庭，他们是农业生产的基本单位。其次是农业企业，这些企业专门从事农业生产，他们通常拥有大片土地和先进的农业设备。再次，还有农民专业合作机构，这些机构由农民自己组成，旨在共同合作，分享资源和技术，提高农业生产效益。最后，还有社会和行业服务机构，他们为农业生产提供各种支持和服务，比如农业技术培训、市场营销等。总之，农业生产中的参与者类型多种多样，各自发挥着重要的作用。

目前，中国的农业经营模式仍然以农户为主，这与其他国家的发展情况相一致。然而，随着中国农业的转型、土地管理体制的改革、劳动力的转移、工业化和城市化的快速发展，中国农民的身份差异变得越来越明显。农户经营的主要类型包括传统的农户，他们从事传统的农业生产；专业的种植者，他们专注于种植业务；经营服务型的农户，他们提供农业相关的服务；半工半农型的农户，他们同时从事农业和其他工作；还有非农场主，他们并非农业经营者。其中，专业的种植者和饲养者，也被称为"专业大户"，他们是那些从事特定农业行业的专业农

---

① 钟真.改革开放以来中国新型农业经营主体成长、演化与走向 [J].中国人民大学学报,2018 (04).

民，他们的农业生产规模相对较大。与大规模的机械耕作相比，小型农作（即家庭农庄）更适合中国的情况，因为中国人口众多而土地有限。在城市化和土地流转的背景下，农民收入低下，实现产业升级也面临困难。因此，以人力资本为主导的小型农作是一种行之有效的解决方式。

20世纪70年代末，我国实行了以家庭承包为主体的农业生产经营制度，目前，中国已初步建立了农业生产经营的基本经营制度。农民合作社和农民专业合作社得到了很好的发展。20世纪90年代以后，随着农村劳动力转移和农户的转移，我国的农业生产经营出现了新的变化，农村农业生产经营出现了新的变化。近十几年来，随着土地流转规模的扩大和国家政策的支持，农民专业合作组织中出现了大量的农民专业合作组织。在浙江、上海、吉林等地，由于当地政府的大力支持，很多地方都开始发展起了规模庞大的家庭农场。截至2011年年底，276万个家庭土地面积大于3.3公顷，而面积大于6.67公顷的家庭超过8万个。随着农产品市场价格的剧烈波动，很多养殖散户不得不放弃养殖业，因为他们无法承受价格的不稳定性。与此同时，专业大户和家庭农场却迅速崛起，成为畜禽产品供应中不可忽视的力量。特别是在肉鸡和鸡蛋方面，他们已经占据了主导地位。

农民专业合作社也开始蓬勃发展，取得了显著的进展。虽然在改革开放初期，一些农村人因为过去曾经历过"合作"的不愉快经历，所以每当谈到"合作"，他们都感到非常害怕，甚至想尽办法避免。然而，我们国家的农业生产经营正在迎来新的发展机遇，这是因为广大农户迫切需要，同时也得益于国家的大力推进。特别是在《农民专业合作社法》颁布后，我国的农民专业合作社迅速发展壮大。不仅如此，合作范围也在不断扩大，涵盖了土地股份合作、联合社、资金互助合作和加工合作等一系列新的合作模式。这些合作模式为我们农户的生产组织、农产品加工、与龙头企业联系以及开展市场营销等提供了有力的支持。

同时，有一批规模较大的农业产业化企业作为行列的龙头壮大起来。从 20 世纪 90 年代中后期开始，我国的农村经济发展进入了一个快速发展的阶段，农村经济的发展也受到了国家的积极支持，出现了推动农村经济发展的一大批"龙头"。据农业部统计，截止到 2016 年年底，我国农业产业化组织数量达 41.7 万个，其中，农业产业化龙头企业达 13.03 万个，同期增长 31.27%，农业产业化龙头企业年销售收入约 9.73 万亿元，增长了 5.91%，比规模以上工业企业主营业务收入增高 1%。农业产业化龙头企业固定资产约为 4.23 万亿元，增长了 3.94%。[①]

　　由于农民现在有了自己独立的生产经营机构，再加上对原来的政府服务机构进行了改造，这就使得很多为农民提供农资和商品购买等服务的组织得到了迅速的发展。这样一来，原本因为政府公共机构改造而导致的市场空缺得到了填补。过去，服务组织的主要职责是为农资购销户和农产品经纪人提供服务。然而，在过去几年里，随着现代农业建设的不断推进和市场竞争的加剧，农业生产性服务领域出现了许多变化。现在，越来越多的企业开始涉足产前农资生产、购销以及产后农产品运销，他们提供各种多样化、多层次、多形式的专业化、社会化服务，这些服务是社会化服务体系中的新力量，它们推动着经营服务组织的发展，不断迈向新的阶段[②]。到 2011 年末，我国有 171000 家农业机械化服务机构，这些机构为农民提供各种农业机械化服务。同时，还有 511.7 万家农业机械化服务大户，他们是专门从事农业机械化服务的农户。为了防止农作物受到病虫害的侵害，人们还设立了超过 25000 个农作物病虫害专业防控机构，这些机构陆续共有近一百万人次的员工。此外，还有大约 4500 个农产品批发市场，这些市场为农产品的销售提供了便利。还有 600 万以上的专业中间商，在农产品的流通中发挥着重要的作用。此外，还有一系列新型农业服务机构，比如"土地管家"和"土地保

① 高鸣、郭芸芸，2018 中国新型农业经营主体发展分析报告：龙头企业中国农业新闻网，2018 年 2 月 23 日。
② 张照新，赵海. 新型农业经营主体的困境摆脱及其体制机制创新 [J]. 改革,2013（02）:78-87.

姆"，这些机构也在快速发展。

从 1978 年开始，中国开始了对农村的改革。在 1978 年至 1983 年，中国农村建立了一种以农民为核心、以集体为基础、以人为中心的"三农"关系。

1978 年 11 月，位于安徽省凤阳县小岗村的 18 个农户，在每家每户各自的土地上，按上了红手印，签订了"生死状"。小岗村的承包地，标志着中国农户对自己的风险认识、自主决定的一次重要的唤醒，同时也标志着农户创业能力的初露端倪。1978 年 12 月，第十一届三中全会成功召开，对《中共中央关于加快农业发展若干问题的决定（草案）》进行了全面的研究，并在全国范围内启动了以家庭承包制为核心的新一轮农村经济制度改革。1983 年 1 月，中共中央发表《关于当前农村经济政策的若干问题》，提出：在中国，各种不同的农业生产资料都已在全国广泛应用。1984 年 11 月，《中共中央、国务院关于实行政社分开建立乡政府的通知》，正式取消了人民公社；1984 年 11 月，中共中央发布了《关于一九八四年农村工作的通知》，其中特别指出，要坚持并改进家庭联产承包责任制，促进农户以小农经济为主，以精耕细作为主，以更好地发展农业。"以队为本，以三层为本"的乡村经济制度被"交够国家，留够集体，其余由自己支配"的乡村经济制度所取代。到了 1983 年，承包面积达到 98%，承包面积扩大到了整个农场，也扩大到了农民家庭。家庭联产承包责任制，使农户获得了对剩余生产资料的控制权和索取权，并限制了机会主义的行为，从而极大地调动了劳动者的生产积极性。中国的农业产量在 1978 年至 1984 年维持着年均 7.7% 的增长率。1984 年与 1978 年比较，按不变价格计，农业产出增长 42.23%，而这当中，大约有半数是由于实行了家庭联产承包责任制，生产力得到了改善。虽然，在实行家庭联产承包责任制之后，让农户的劳动生产率有了很大的提升，然而，大部分农户的生产活动还是以满足家庭的生活需求为主，剩下的一小部分供给到了市场上，因此，他们属于自给自足的农户，而不是以盈利为特征的市场主体。

在迅速工业化和城市化的时代背景下，我们可以看到传统的小农生产正在不断地向着商品生产的方向发展。这意味着农民们开始出现了持续的分化。一些农民已经选择了转行，开始在二、三产业找到了工作机会。他们不再完全依赖于农业，而是同时从事农业和其他行业的工作，成了半工半农的兼业化农民。另一些农民则选择了发展自己的经营能力，逐渐成了经纪人。他们开始管理农产品的销售和分配，为农民提供更好的市场机会。同时，一些家庭经营也逐渐壮大起来，发展成了有一定规模的专业户。这些农户不再只是为了自给自足，而是成为了市场的主体，积极参与市场经济。这种多元化的趋势也导致农业经营主体的多样化。

在 20 世纪 80 年代后期，随着我国粮食市场化的发展，我们国家的粮食贸易中也出现了很多中间商。这些中间商通过从农户手中购买谷物，然后通过收储、加工、运输等环节将谷物卖给各大粮食局和国家储粮中心。这样一来，就形成了以"中间商"为核心的经营模式。1995 年 10 月，国家工商行政管理局发布了《经纪人管理办法》，这个法规正式确立了我国证券经纪行业的合法经营方式。一群中间商努力发展壮大，他们成功地建立了一个农产品生产和销售合作社。在 20 世纪 80、90 年代，随着工业化和城市化的迅速发展，以及工农之间的收入差距扩大，一些农民为了追求更多的利益，开始发展和扩大自己的生产和经营，出现了第一个合作社，并开始出现了合作的趋势。到了 20 世纪 90 年代，一些地方已经开始引入"农业产业化"的理念，其核心内容是将农业生产、供应和销售整合在一起，实现工农贸一体化。在 1997 年，学界提出了一个叫作"农业产业化"的理念。这个理念的目标是要解决农产品的生产和销售之间的问题。通过政策和市场的共同作用，政府希望能够培育出一批领军企业，推动农业产业化的发展。

4.1.3　21世纪初至今农业经营主体发展概况

党的十八大报告指出，要坚持中国特色的新型工业化、信息化、城镇化、农业现代化道路，推进信息化与工业化的深入结合，实现工业化与城镇化的良好联动，城镇化与农业现代化的有机结合，实现工业化、信息化、城镇化、农业现代化的有机统一[①]。"四化同步"的关键在于农业现代化。在进行农业现代化的过程中，需要用现代物质条件来装备农业，用现代科技来对农业进行改造，用现代产业体系来提升农业，用现代经营形式来发展农业，用现代新型农民来推动农业，用现代发展理念来引导农业[②]。要促进农村现代化，仅靠传统的、具有较强兼业性的零散小农户是不行的，还需要新型的经营主体来进行。通过家庭农场、农民专业合作社、农业企业等新型农业经营主体，来充分发挥现代农业装备与农业技术的功能，对农业经营形式进行创新，培养新型农民，贯彻现代发展理念，进而提升农业水利化、机械化和信息化水平，提升土地产出率、资源利用率和劳动生产率，提升农业效益和竞争力，同时，在工业化、城镇化快速推进的情况下，伴随着大量的农村劳动力不断向外迁移，部分地区出现了农忙季节人手不足、务农劳动力老化以及农事兼业化、副业化等问题[③]。

进入21世纪以来，中国经历了由传统农业到现代农业的巨大转变，针对"谁来种、种什么、怎么种"等一系列重要问题，国家和各地相继制定了相关的政策，促进了新型农业经营主体的发展，诸如专业大户、家庭农场、农民合作社、农业公司等都得到了迅速的发展。

2004年的一号文件指出，要加速发展农业产业化经营，加大对龙

---

① 胡锦涛.坚定不移沿着中国特色社会主义道路前进 为全面建成小康社会而奋斗 [N].人民日报,2012-11-18（001）.

② 肖勇,冯星杰,廖琴.产业：现代农业的支撑 [N].广安日报,2007-12-04（001）.

③ 楼栋,孔祥智.新型农业经营主体的多维发展形式和现实观照 [J].改革,2013（02）:65-77.

头企业的投资力度，培养农产品市场的销售主体，并鼓励发展各类农产品专业合作组织、购销大户和农民经纪人。为了支持、引导农民专业合作社的健康发展，对农民专业合作社进行规范，维护农民专业合作社及其会员的合法权益，推动我国农业与农村经济的快速发展，国家制定了《中华人民共和国农民专业合作社法》，并于 2007 年 7 月 1 日开始实施。《中共中央关于推进农村改革发展若干重大问题的决定》提出，要大力发展各种类型的农业生产，鼓励发展各种规模的农业生产主体，如专业大户、家庭农场和农民专业合作社[①]。2012 年，党的十八大报告提出，要坚持和完善农村基本经营制度，培育新型经营主体，发展多种形式规模经营，构建集约化、专业化、组织化、社会化相结合的新型农业经营体系。2013 年，《中共中央关于全面深化改革若干重大问题的决定》提出，要"坚持以家庭为主体，推进以家庭为主体、以集体为主体、以合作为主体、以企业为主体的多种经营模式"，推进以家庭为主体的现代农业经营模式的创新，促进我国现代农业发展。2014 年 2 月，国家农业农村部发布了《关于促进家庭农场发展的指导意见》，对其基本特征、管理服务要求以及支持措施进行了详细阐述，并对其实施效果进行了评价。2017 年 5 月，中共中央办公厅、国务院办公厅印发了《关于加快构建政策体系培育新型农业经营主体的意见》，提出要加速建立以家庭为基础，以合作和联合为纽带，以社会化服务为支持的多维复合的现代农业经营体制，推动家庭、集体、合作和企业共同发展。

中国的农业经营主体演变主要体现在，从过去的由独门独户作为主要经营形式发展到了现在多种类型的新型经营主体并驾齐驱。

---

① 赵婉晴.论土地流转是新农村建设的必然选择 [J].现代农业科技,2009（03）:268.

4.2　企业家才能赋能农民专业合作社历史沿革

国家长期以来一直致力于解决如何种好土地的难题。《中共中央关于推进农村改革发展若干重大问题的决定》指出，要努力发展各种类型的农业生产，鼓励发展各种规模的农业生产主体，比如专业大户、家庭农场和农民专业合作社[①]。2013年11月，中共中央发布了《关于全面深化改革若干重大问题的决定》，提出要以家庭为基础，把家庭作为主要的经济单位[②]。同时，还要推动合作经营和企业发展，创新多种经营模式，以促进我国农村经济社会发展。在《关于加快构建政策体系培育新型农业经营主体的意见》中提出了构建"以家庭为基础，依托社会化服务来支持，以农民为中心"的多层次现代农业经营体制[③]。

在研究领域，专家们就如何培育新型农业经营主体达成共识。他们认为，需要改善土地、政策和金融等方面的制度体系，以及优化生产要素的分配。此外，促进一、二、三产业的深度融合，建立一个现代农业产业体系。现在，中国正处于农业发展的转型期，这意味着我们正经历着一场重大变革。在这个关键的时刻，创业者们扮演着塑造"强农"的重要角色。家庭农场主、合作社理事长和农业企业家是新型农业经营主体的创始人和生产者，他们的创新和决策将直接影响着农业的未来发展。

4.2.1　农民专业合作社发展变迁

农民专业合作社是在家庭联产承包责任制框架下建立的互助型经济组织，按照自愿结社、民主管理、互助合作的原则于2006年成立。农

---

① 中共中央关于推进农村改革发展若干重大问题的决定 [N]. 人民日报,2008-10-20（001）.
② 中共中央关于全面深化改革若干重大问题的决定 [N]. 人民日报,2013-11-16（001）.
③ 关于加快构建政策体系培育新型农业经营主体的实施意见 [N].辽宁日报,2018-03-19（010）.

业生产经营机构是集农业原料采购、农产品生产加工、农产品运输销售、农业技术信息咨询等功能于一体的法人团体。这种模式是成员根据资金、土地等不同资源，在市场占据一定岗位，在前期、中期、后期等方面共同努力，以达到预期效果的多方位模式。最优化的资源配置和最高效的产业链运作，将更好地应对市场风险，达到获取规模效益的目的，满足成员企业的生产发展需要。

综观农民专业合作社的发展演变，它不仅是农民自愿组织、互助合作、发展农业生产、经营和服务的过程，也是企业家一个盈利的过程。农民专业合作社为合作农户提供农业生产资料的收购、销售、加工、运输、农产品的仓储以及农业生产和管理相关的技术和信息的优化配置，实现互惠互利的双赢过程。

新中国成立以来，我国农村土地承包经营是对农村土地承包经营制度的一次尝试。在互助小组与初级合作时期，由于农民的自愿合作与平等互利，使其成为一股推动农业发展的力量。在高级合作社阶段，自愿合作、互利共赢的原则被违反了，生产资料的所有权被转移了，农户个人彻底失去了生产决策的自主，变成了一个服从于行政命令的工人，其生产的积极性被扼杀了。这个时期的农业合作带有很强的行政性质，合作社的管理人员通常都是由上面指定的，他们的经营和管理能力都很差，这种行政化的合作方式对农户的权益造成了很大的损害。

4.2.2　企业家精神赋能农民专业合作社

从 20 世纪 90 年代开始，伴随着"以城镇为中心"的发展理念，导致乡村内部的动态性和关联性减弱，乡村的组织形式和主体意识也变得模糊不清，从而造成了城乡发展失调、城乡差距不断扩大、协作困难[①]。

---

① 黄博.乡村振兴战略下农民专业合作社的发展路径研究 [J]. 经济体制改革,2020（05）:73-79.

多数农业企业家意识到，加强"农村"的主体意识，增强"农民"的组织意识，才能真正达到乡村产业振兴的目的。农户的生产方式分散，生活方式彼此独立、联系不多，导致了乡村产业存在诸多问题，产业产能发展缓慢，生产效率不高。而加强农户的组织化程度，可以有效地改善农户的权利结构，进而通过这一结构明确权利与责任的分配，达到充分调动农民的生产积极性的目的。企业家们抓住这一需求，进行了制度设计的优化，促成了农民专业合作社的诞生。农民专业合作社是一种新型农业经营主体，它像一座桥梁一样，将农民们紧密地联系在一起，促进他们之间的互助合作，农户们可以相互帮助，共同发展。此外，农民专业合作社还能够推动产业的调整和创新，对于促进农村产业的繁荣和整体发展起到了重要的推动作用。

进入 21 世纪，我国正在以惊人的速度迅猛发展，成为一个崭新而充满活力的国家。企业家是引领企业前进的人，他们是企业中最关键的一群人。他们善于发挥自己的创业才能，不断分析市场需求的变化，并且始终能够抓住并创造市场机遇。善于根据实际情况合理分配土地、资本、人才、技术和信息等生产要素，不断提高生产力。他们不断尝试和探索新技术、新方法、新原料、新理念和新市场，以提升农业的效益。他们通过创新利用这些新的资源，使得农业的产业价值链得到升级。这样一来，农业的效益也得到显著提高。他们与农户、家庭农场、农民专业合作社等新型农业经营主体建立了紧密的利益联结机制，通过股份、契约等方式实现合作。他们是引导现代农业发展的重要力量和人才支持。企业家怀揣着创业精神，不断研究经济政策、产业政策和产业发展趋势，而且了解金融环境，能够抓住各类市场机遇。他们正在与农户结成一个风险共担、利益共享的"命运共同体"，以此实现经济效益、社会效益和生态效益的完美结合。

4.2.3 企业家经营管理职能赋能农民专业合作社

随着农村经济的发展，以个体农户为主体的农村社会经济组织已经逐渐形成。因为小规模个体在市场竞争中处于劣势，使得基于家庭农场的合作社具有了经济逻辑，因此，农户们也就自发地尝试建立合作社。在这个时期，合作社的创始人包括了农民、专业大户和科技人员等，不管是能人领办型，还是行政推动型，合作社（农协）创业者的创业能力都已经初露端倪[①]。他们在农户的需要和市场的供需不平衡之间，找到了有利的市场机遇，从而成立了农民合作组织。他们拥有一些市场信息，指导农户按照市场的需要进行生产决策，他们开辟了市场的销售渠道，并协助农户将其商品卖给农户，他们将资金、技术、运输等生产要素整合起来，为农户提供各类生产服务，他们将龙头企业、专业大户、农技站、农户等各类主体联系起来，将他们整合成为农业合作的一体化力量[②]。

《中华人民共和国农民专业合作社法》于 2006 年 10 月发布，对农民专业合作社的法律性质进行了界定，使其步入了法律、法规的发展时期，国家的扶持，使其在国家层面得到了进一步的发展。在此期间，农民、专业大户、家庭农场主、政府官员、农业技术人员和龙头企业的经营者等都参与了农业生产。合作社的发展并不只是合作社成员接受服务或提供产品的数量贡献，它在很大程度上是合作社创业者充分利用自己的创业才能，发现市场机会、重新配置资源做出的贡献，将一家一户干不了、干不好、干起来不值得的事情都解决了，与农民建立了利益共同体。在这一时期，合作社的创业者拥有了与他们的合作社规模相适应的创业才能，他们拥有了抓住市场机遇的能力，可以更好地协助农民与大

---

① 王雅静. 企业家才能与新型农业经营主体发展研究 [D]. 扬州大学，2021.
② 王雅静. 企业家才能与新型农业经营主体发展研究 [D]. 扬州大学，2021.

市场进行沟通，让农民的市场谈判能力得到提升，从而减少交易费用。他们还拥有了对生产要素进行最优组合的能力，可以让农民对资金、劳动力、土地、技术、管理等生产要素进行重新配置，从而减少生产成本，提升生产效率。因为合作社的非营利性和服务性特点，合作社创业者还拥有与之相适应的奉献精神、团队合作能力、带动农民增收致富的能力。

放眼农业产业化龙头企业发展变迁的过程，它不仅是一个龙头企业加速转变农业发展方式、促进现代农业发展、推动农业组织化进程、带动农民对接大市场的过程，还是一个企业家充分利用自己的企业家才能，引导企业从发现市场机会到创造市场机会，从要素驱动到创新驱动，从单一产业到一、二、三产业融合发展，从延伸产业链到提升价值链转变的过程。

从20世纪80年代至90年代，我国的农业在产业化进程中出现了一定程度的生产性盈余，并逐渐形成了农业产业化的市场化进程。中国农村人口众多，分布散乱，大部分农民缺乏市场信息搜寻、市场机遇发现和生产经营管理的能力，导致农村农产品销售困难，品种质量结构不合理，比较效益偏低。一些有创见、有风险意识的农民和专业户等群体，充分利用自身具备的企业家的才华，自发地对建立农业企业进行了探索。他们与农户签署供销合同，购买货源，对其进行了组织，对其进行了生产加工，并对其进行了拓展。他们一头与农户相联系，一头与市场相联系，从而构成了产加销一条龙产业链模式，并成为引领小农户进入大市场的一支主要力量。

从20世纪90年代中期到晚期，国家全面推进农业工业化进程。随着国家相关政策的出台，一大批农产品加工企业逐渐成长起来，并逐渐成长为农产品加工行业的龙头企业。

4.3 企业家才能赋能家庭农场历史沿革

4.3.1 家庭农场发展变迁

家庭农场是在家庭承包经营制度框架下诞生并发展起来的一种市场经营主体，它不仅具备了小农户和家庭经营的特征，还与现代农业规模适度、生产集约、管理先进、效益显著的要求相一致。家庭农场的发展演变过程，不仅是一个探索、发展、壮大的过程，同时也是一个农民共同创造财富的过程。在这个过程中，家庭农场的经营规模在合理范围内趋于壮大，农场管理标准趋于规范，生产线趋于专业，经营销售趋于适应市场规律。

4.3.2 企业家精神赋能家庭农场

中国在 1978 年实施了家庭联产承包责任制以后，农户获得了对土地的所有权和收益权，农户以"家庭"为基础组织生产，具体开展生产、管理等工作。在经济理性与精明算计中，农户不但解决了家庭的自给自足问题，而且还将多余的部分供给市场。此外，有些农户积极地发展家庭农副业，构成了家庭经营性收入，从而可以充分地调动农户的生产积极性，在一定程度上展现出了企业家的精神。

4.3.3 企业家经营管理职能赋能家庭农场

在二十世纪八九十年代，农户出于自身利益的考虑，在一定程度上实现了农业生产的规模化。与普通的农户不同，在这一阶段中，专业大户、职工家庭农场主从一个独立的家庭企业，变成了一个以满足市场需要为目的的市场主体。他们以市场的供需状况为依据，来决定生产经营的种类，并对生产经营的规模进行调节。他们利用科技手段，强化了规范的管理，对市场进行了主动的开发，这表明他们已经拥有了一定的市场信息搜索和研判的能力，拥有了一定的市场风险意识，拥有了一定的抓住市场机遇的能力，拥有了对土地、资本、劳动力、技术、管理等生产要素进行优化配置的能力。然而，在这个时候，大部分的专业大户拥有相对封闭的市场信息，他们的创业能力很差，他们的技术水平很低，他们的资源使用效率很低，他们的经济效益很低，他们的发展方式也很粗放。

20 世纪 90 年代后期，21 世纪初期，上海松江地区、浙江宁波地区、吉林延边地区、安徽郎溪地区、湖北武汉地区，都曾对家庭农场进行过一些有意义的尝试，而在 2008 年的十七届三中全会正式提出"家庭农场"之后，更是在全国范围内掀起了一股新的热潮。根据 2017 年全国家庭农场监测数据可以看出，这些新型家庭农场主拥有较高的文化素养，他们将自己具备的创业者才华进行了充分的发挥，以不同于大多数人的创造能力，去发现并抓住市场机遇，对其进行了更多的投资，并引入科技、品牌、管理等新的要素禀赋，从而使家庭农场朝着规模经营型、科技应用型、资源集约型、生态友好型、管理规范型、产业多元型等方向发展，从而进一步提高了其生产效率和盈利水平。这些农业创业者拥有较高的创业能力，他们都是新型农业创业者，也就是他们所拥有的创业能力，使他们实现了从零散化小农式生产到规模化、市场化、现代化农业生产方式的蜕变。

4.4 企业家才能赋能种养殖大户

新型农业经营主体的成长、分化与走向既是市场化规律的体现，也是制度改革创新的反映[①]。

种养殖业的种养大户作为经营主体的多样化趋势是农业向现代化演进过程中的必然现象。以单一的小型家庭为主体的种养殖大户，在市场机制与政府政策的共同作用下，持续发展、创新，获得了巨大的发展，但其增长路径仍具有明显的中国特色。接下来对种养殖大户历史沿革的阐释以稻鱼水产养殖业和生猪养殖业变迁为例。

4.4.1 稻鱼产业发展变迁

恢复发展阶段。中华人民共和国成立后，在党和政府的重视下，我国传统的稻田养鱼迅速得到恢复和发展。1953 年第三届全国水产会议号召试行稻鱼兼作，1954 年第四届全国水产工作会议上，时任中共中央农村部部长邓子恢指出："稻田养鱼有利，要发展稻田养鱼"，正式提出了"鼓励渔农发展和提高稻田养鱼"的号召，全国各地稻田养鱼有了迅猛发展，在 1959 年，我国的稻鱼养殖规模超过了 1000 万亩[②]。20 多年来，因为政策因素和人工养殖的不普及，鱼类资源有限，再加上杀虫剂的过量施用，造成了水稻与渔业之间的冲突，曾经繁荣的稻鱼养殖产业迅速衰落。20 世纪 70 年代后期，随着国家对水产业的逐渐关注，同时实行了家庭联产承包责任制，再加上水稻品种的改良和无毒的杀虫剂的问世，给这一行业的新生带来了发展的动能，因此，稻鱼养殖也步入了一个全新的发展时期。

技术体系建立阶段。1981 年，中国科学院水产研究所的倪达书研

---

① 董洁,任伟,沈传亮.二〇一八年中共党史研究综述 [J].中共党史研究,2020（03）:134-149.
② 中国稻渔综合种养产业发展报告（2018）[J].中国水产,2019（01）:20-27.

究员写信给中央政府，提议在全国范围内推行稻鱼养殖。这个提议引起了农业农村部的高度关注。1983 年，国家农业和渔业部门在四川举办了首届稻鱼养殖技术交流座谈会，这激励并促进了我国稻鱼养殖技术的快速复苏与发展。这项技术已经在我国得到了广泛的应用。1984 年，原农业农村部将稻鱼养殖纳入新科技发展计划，并在全国 18 个省市进行了大规模的推广，其中包括北京、河北、湖北、湖南、广东、广西、陕西、四川、重庆、贵州、云南等 18 个省市。1986 年，稻鱼养殖面积达到 1038 万公顷，产量为 98000 吨。1987 年，稻鱼养殖面积增加到11940 万亩，产量为 106000 吨。中国农科院和中国水产研究所于 1988年在江苏共同举办了"中国稻渔一体化学术座谈会"，推动了稻鱼养殖的理论与方法的创新与发展。他们对我国"八五"和"九五"水产养殖业的发展进行了全面的分析，确定了我国水产养殖业的发展方向，并于1990 年在重庆举行了"第二届水产养殖技术研讨会"。

快速发展阶段。1994 年原农业农村部召开了第三次全国稻田养鱼（蟹）现场经验交流会，常务副部长吴亦侠出席了会议并讲话，指出"发展稻田养鱼不仅仅是一项新的生产技术措施，而且是在农村中一项具有综合效益的系统工程，既是抓'米袋子'，又是抓'菜篮子'，也是抓群众的'钱夹子'，是一项一举多得、利国利民、振兴农村经济的重大举措，一件具有长远战略意义的事情"[①]。同年 12 月，经国务院同意，原农业农村部向全国农业、水产、水利部门印发了《关于加快发展稻田养鱼，促进粮食稳定增产和农民增收的意见》的通知。之后的 1996 年 4 月和2000 年 8 月，原农业农村部分别举办了两届全国稻鱼养殖现场经验交流会。2000 年，我国稻鱼养殖面积已超过 2000 万亩，是全球最大的稻鱼养殖国。稻鱼养殖是农业稳粮、农民脱贫致富的一项重要举措，受到了各级政府的关注与扶持，对稻鱼养殖的发展起到了很大的推动作用。

---

① 肖放 . 新形势下稻渔综合种养模式的探索与实践 [J]. 中国渔业经济 ,2017,35（03）:4-8.

转型升级阶段。进入新时代以来，我国传统的稻鱼养殖模式存在一些问题，比如品种单一、管理分散、规模小、效益低下，无法满足新时代农业农村发展的需要，国家决定推进稻鱼养殖进入到一个新的阶段，即"稻渔综合种养"[①]。稻渔综合种养是指通过对水稻进行工程化改造，建立水稻—渔业联合轮种体系。这种模式通过规模化发展、产业化管理、标准化生产和品牌运营，可以实现稳定水稻产量、增加水产品产量、提高经济效益、大幅度减少农药和化肥的使用量的目的，形成一种生态循环农业发展模式[②]。党的十七大以来，随着土地流转制度的进一步明晰，农业产业化发展的速度越来越快，稻鱼养殖规模化生产已经具备了条件。各地因地制宜，探索了稻—鱼、稻—蟹、稻—虾、稻—蛙、稻—鳅等新模式和新技术，同时，出现了一大批以特色经济品种为龙头，以标准化生产、规模化发展、产业化经营为主要特点的稻鱼综合养殖模式，产生了明显的经济、社会和生态效益。从 20 世纪后期到 2010年，在现代高效农业的发展中，稻鱼养殖因其较高的效率而得到了广泛的应用，对大多数水稻产区的农户收入增加起到了很大的作用。但因大量开挖鱼坑和鱼沟曾引发人们对稻米可持续利用的忧虑，2004 年以来，稻田种植面积从 2445 万公顷锐减至 1812 万公顷。该时期尽管养殖面积下降，但由于养殖技术的进步，养殖产量仍稳定在 110 万吨以上。

高效发展阶段。2011 年是近 20 年稻渔综合种养面积的最低点，此后养殖面积止跌回升。2011 年，原农业农村部渔业局将发展稻渔综合种养列入了《全国渔业发展第十二个五年规划（2011—2015 年）》，作为渔业发展的重点领域。2012 年起，原农业农村部科技教育司连续两年，每年安排 200 万元专项经费用于"稻渔综合种养技术集成与示范推广"专项，2012 年投入 1458 万元启动了公益性行业专项项目"稻—渔"

---

① 中国稻渔综合种养产业发展报告（2018）[J]. 中国水产,2019（01）:20-27.

② 肖放. 新形势下稻渔综合种养模式的探索与实践 [J]. 中国渔业经济,2017,35（03）:4-8.

耦合养殖技术研究与示范[1]。2013年和2016年，全国水产技术推广总站、上海海洋大学、湖北省水产技术推广总站等单位承担的稻渔综合种养项目共获得农牧渔业丰收奖农业技术推广成果一等奖3次。2016年，全国水产技术推广总站、上海海洋大学发起成立了中国稻渔综合种养产业技术创新战略联盟，成功打造了"政、产、学、研、推、用"六位一体的稻渔综合种养产业体系[2]。2011年和2018年，浙江大学陈欣教授在美国科学学院院报（PNAS）发表了两篇关于稻渔综合种养理论研究的高水平学术论文。2016—2018年连续3年中央1号文件和相关规划均明确表示支持发展稻渔综合种养发展。2017年5月农业农村部部署国家级稻渔综合种养示范区创建工作，首批33个基地获批国家级稻渔综合种养示范区[3]。同年原农业农村部在湖北省召开了全国稻渔综合种养现场会，副部长于康震要求"走出一条产出高效、产品安全、资源节约、环境友好的稻渔综合化种养产业发展道路"。在各级党委、政府的正确领导下，我国稻渔综合种养发展已步入大有可为的战略机遇期。

4.4.2　生猪养殖业发展变迁

根据改革开放后一些具有代表性的政策文件的出台时间点及产业发展特征，可以将我国生猪养殖业的发展历程大致分为三个阶段。快速恢复阶段（1979—1995年），这一时期生猪出栏量大幅增长；平稳发展阶段（1996—2006年），生猪出栏率稳步提升，这反映了技术水平的不断提高；规模转型阶段（2007年至今），生猪规模养殖户比例快速提高，这表明养殖业正朝着更大规模的发展方向迈进。在这一历史进程中，生

① 中国稻田综合种养产业技术创新战略联盟成立 [J]. 渔业致富指南，2016（22）:10.
② 中国稻渔综合种养产业发展报告（2018）[J]. 中国水产，2019（01）：20-27.
③ 于秀娟，郝向举，党子乔等. 中国稻渔综合种养产业发展报告（2022）[J]. 中国水产，2023（01）：39-46.

猪生产同时经历了生产布局、养殖模式和种养关系的转变。

快速恢复阶段。在农家副业性散养为生猪主要饲养形态的情况下，传统养殖布局受自然因素的影响较大。《中国近代农业生产及贸易统计资料》中指出，长江流域、东南及西南地区饲养了当时（20世纪30年代）全国6000万头生猪中的4500万头。至少到1980年前后，淮河以南的14个省份饲养了全国70%的生猪，生猪饲养仍然主要集中在传统主产区域。改革开放后，由于养殖成本、环境约束和饲料粮种植等因素的作用，生猪产地布局由主要受自然因素影响转向更多受经济性因素的影响，劳动力成本较低、养殖资源丰富和饲料供应充足的区域拥有了比较优势，猪肉产量曾经分别排名全国第2、5、6位的江苏、广东、浙江等东部地区的生猪产能大幅下降，河北、辽宁等北方省份以及河南、湖南、云南等中西部省份在生猪产能布局中的地位稳步提升。总体来看，在经济和环保等因素的驱动下，生猪养殖布局经历了从集中到分散到再集中的演变过程，呈现出从南方向北方、东部向中西部地区转移的趋势。生猪及其制品在运输和储存过程中对环境条件提出了更高的要求，大量活体运输容易造成猪肉品质下降，同时也是非洲猪瘟等重大动物疫病的主要传播路径。除了产、销分开，转移也造成了生猪产能与饲料产能的分离。生猪养殖业是我国农业的支柱产业之一，它带动了饲料生产企业的发展。因为生猪养殖完全成本中，饲料成本占比60%。①

平稳发展阶段。在传统的简单商品经济条件下，"分散养猪"可以很好地解决养猪劳动力和饲料不足的问题，同时也能为农业生产提供所需要的化肥，正所谓"养猪不赚钱，回头看看田"，因此，这种以家庭副业为主的"庭院式养猪"模式得到了持续发展。改革开放以来，受劳动力机会成本提高、疫情防控压力加大、养殖环保政策收紧等现实制

---

① 文献来源：收原股份：生殖养殖完全成本中，饲料成本占比60%，2023年1—11月育肥料肉比约2.8［EB/OL］，新浪财经，2023-12-22。饲料原料价格成本波动将对生猪养殖成本价格造成较大影响。比如疫情期间，饲料原料价格上涨，不仅放大了市场风险和交易成本，更影响了生猪养殖行业的高质量发展。

约，中小个体养殖户纷纷退出，养殖资本深化的过程持续加速。规模化、集约化养殖具有规模效益、提高生产效率等优点，但同时也带来了环境污染、疾病传播等问题，对养殖环节的清洁生产及生物安全防控提出了更高的要求，难以实现规模化经济效益的持续提升。当前，我国生猪养殖方式转型的核心问题，已经上升到以农户为主体的产业化、适度规模养殖，这种转型既是市场化条件下生猪产业分工的深化，也是国际、国内养殖业发展的普遍趋势。

规模转型阶段。新中国成立之初，由于化肥行业的制约，我国农业对化肥的需求日趋紧张，大量施用有机肥已成为我国农业增产的主要手段，而畜禽舍饲又是畜禽粪便的主要来源，故畜牧业已逐渐成为我国农业发展的一个主要支柱。从产品性质看，生猪养殖关系到城乡肉类供给及外销外汇；从生产资料性质看，也是化肥的重要来源。随着中国化肥行业生产力的不断提高，有机肥逐渐替代化肥作为农业生产的重要原料，但也削弱了生猪等大畜禽的生产资料属性，增强了其商品属性。因此，家庭有机肥在农业生产中的作用已经完全改变，饲养的目标也从单纯的施肥变成了商业，而种植和经营体系之间的联系也转为密切联系。"种养分离"指的是某一地区种植、养殖系统间的生产规模与模式没有进行统一的规划与协调，没有充分考虑二者间的能量与物质流动规律，从而达到协同发展的目的。然而，随着养分转化速率的减慢，以及土壤有机质含量的大幅下降，导致了"畜禽粪肥还田效率下降→有机质含量降低→地力衰退→化肥大量施用增加→畜禽粪肥还田比例进一步下降"的恶性循环。这一现状不仅导致了营养元素的循环效率低下，而且畜禽养殖过程中产生的垃圾被无组织地随意排放，加剧了我国生猪养殖与环境保护的矛盾，因此，相关部门对此给予了极大的关注，并在其中投入了大量的公共资源，出台了一系列特殊的法律、法规和政策，在我国掀起了一场养殖环保风暴。从最早的"养猪积肥"到"直接弃养"，到现在的"环境治理"，这既体现了"养"与"种"相结合向"种—养"相分离的转型，更突出了"因产业分工不断深化"而导致的"种—养"分离的弊端。

4.4.3　企业家精神赋能种养殖大户

种养殖大户是新型农业经营主体之一，主要围绕某一种农产品从事专业化生产。种养殖大户的发展可追溯至 1984 年 1 月 1 日，中共中央发布的《关于一九八四年农村工作的通知》中提到，在继续稳定和完善家庭联产承包责任制的同时，将耕地向种田能手集中。在 20 世纪 80 年代末，江苏南部地区的部分种田和养殖能手开始承包或转包土地开展分散的规模化经营，成为我国最早的一批种养殖大户。不同于传统农户，种养殖大户规模较大。较之家庭农场，种养殖大户雇用劳动力的来源不限于血缘关系，雇佣方式较为灵活。种养殖大户的发展历程表明，从传统农户向种养殖大户发展需要有企业家创新精神和冒险精神。

4.4.4　企业家经营管理职能赋能种养殖大户

种养殖大户由传统农户发展而来，企业家经营管理职能在传统农户向种养殖大户转变，以及种养殖大户发挥带动作用时得以充分体现。较之传统农户，种养殖大户面对的是市场，从事以商品生产和交换为目的的生产经营活动，在此过程中需要种养殖大户搜集、整理、研判市场信息，并根据研判结果作出决策。因此，从普通农户向种养殖大户转变首先需要其具备决策能力。目前，我国各地农业持续涌现各类种养殖大户，早在 2013 年，河南种粮大户户数就达到 11000 多户[①]。在各类农业大户成长过程中，先前成长起来的种养殖大户的带动作用尤其重要。种养殖大户需要发挥号召能力、组织能力，挖掘和整合本地优势资源。

---

① 刘露霞，河南种粮大户的现状：困惑与期盼——基于 150 户种粮大户的问卷调查 [J]. 中国粮食经济，2013（10）：42—45.

企业家才能赋能农民专业合作社案例分析

案例数据来源于五个方面：正式出版的书籍和期刊；中国期刊网收录数据库中的各类文章、报道；中华人民共和国农业农村部、国家和地方统计局网站公布的全国农村创业创新优秀带头人典型案例、最新发布数据等；问卷调查和访谈搜集的一手资料。

本案例基于重庆市璧山区蜀都蔬菜合作社实践案例，根据前文构建的"企业家才能赋能新型农业经营主体分析框架"，研究企业家创新精神、冒险精神和经营管理职能对农民专业合作社发展的影响。

研究表明，合作社带头人的企业家才能是影响合作社经营绩效的关键。带头人的冒险精神、创新精神对于合作社开辟新市场、克服创业过程中的融资难题等具有强大的激励作用，带头人对市场前景的研判分析能力，在经营合作社过程中的决策能力对合作社规模化发展具有决定性意义。

5.1　案例介绍

蜀都蔬菜合作社位于重庆市璧山区璧城街道。璧山区位于长江上游地区、重庆市西部、重庆大都市区内，获得过全国科技进步先进县（市）、全国水土保持生态环境建设示范县、全国平安建设先进县、中国人居环境范例奖、国家水利风景区、全国纳税服务示范区、国家低碳工业园区试点、国家水生态文明城市建设试点、国家卫生区、第二批节水型社会建设达标县（区）、2019 年全国村庄清洁行动先进县等荣誉称号。蜀都蔬菜合作社于 2010 年在市县领导指导下，由西南大学、新疆农业大学教师教授建议，由 4 名大学生及 29 户蔬菜种植户联合成立真正意义上由大学生—农民联合创办的重庆蜀都蔬菜种植股份合作社，注册资本 264 万元。合作社开始采用的是"社区直营店＋配送中心＋公司＋合作社＋农户"联营运营模式，以合作社为主导成立了璧山县曙光蔬菜种植有限公司和大学城东方锄禾蔬菜配送中心，同时正在组建由专家教授和种植技术农户成立基地种植技术咨询中心和农资配送中心，更好地为种植社员生产服务和主城区社区菜篮子工程服务，截至 2018 年 3 月，合作社由成立之初的 2 个管理员发展为 42 人，参与创业的大中专毕业生和农民工 100 多人带动农场附近 80 多位农民增收 5000 元以上。现有物流配送，生态追踪家庭农场、直营店 3 个板块。实验生态追踪家庭农场 200 余亩；物流配送中心月配送量 500 多吨；发展社区直营店 15 家。企业现年销售额 3000 多万元。合作社现有社员 600 余户，现社员种植面积有 6000 多亩[①]。

吴书柱为蜀都蔬菜种植股份合作社带头人，1985 年生于重庆市长寿区，2010 年毕业于重庆大学城市科技学院市场营销专业，现任重庆蜀都农产品股份合作社理事长。曾荣获"全国农村创业创新优秀带头人"，其合作社荣获"全国农产品加工合作社示范社""全国农民专业合作社示范社""重庆市农民专业合作社示范社"等荣誉。

---

① 农业部农村社会事业发展中心陋室中的奋斗 80 后小伙创业记——059［EB/OL］中华人民共和国农业农村部。2018-03-19

5.2　企业家才能两个维度与农民专业合作社发展

5.2.1　创新精神和冒险精神是开创合作社的首要前提

一、创新精神是合作社成立的内在动力支持

2017 年 6 月 1 日，中共中央办公厅、国务院办公厅印发的《关于加快构建政策体系培育新型农业经营主体的意见》中第一次明确提出支持新型农业经营主体发展的政策框架，定位于构建培育和发展新型农业经营主体的政策体系，当时全国农户家庭农场已超过 87 万家，依法登记的农民专业合作社 188.8 万家，农业产业化经营组织 38.6 万个（其中龙头企业 12.9 万家），农业社会化服务组织超过 115 万个。蜀都蔬菜合作社成立于 2010 年，当时作为新型农业经营主体的合作社并未在全国普遍成立，根据《重庆市农业委员会关于公布 2010 年农民专业合作社市级示范社的通知》（渝农发〔2010〕292 号）显示，"重庆市农民专业合作社 2010 年市级示范社"为 60 家，由此可见蔬菜合作社在当时对于绝大部分农户而言还属于新事物，成立蔬菜合作社需要有从无到有的创新精神作为内在动力支持。

重庆市璧山区第三次国土调查主要数据公报显示，全区耕地 28186.01 公顷。种植园地 12055.58 公顷，其中，果园 4036.33 公顷，占 33.48%，茶园 234.47 公顷，占 1.95%，其他园地 7784.78 公顷，占 64.57%。①

---

① 重庆市璧山区第三次国土调查主要数据公报［EB/OL］重庆市璧山区统计局 202H2-28.

2011年主要农产品产量

指标名称	单位	产量	比上年±%
粮食	吨	172953	−1.3
蔬菜	吨	546841	10.2
水果	吨	8.5	8.6
生猪出栏数	万头	27.8	−0.9
家禽出栏数	万只	2903	4.6
肉类	吨	70361	2.1
禽肉	吨	45117	3.3
猪肉	吨	20561	0.0
禽蛋	吨	7572	1.9
水产品	吨	12790	8.4

资料来源：2011年璧山县国民经济和社会发展统计公报。

根据2020年璧山区国民经济和社会发展统计公报显示，全区农村常住居民人均可支配收入21990元，在农村常住居民人均可支配收入中，人均工资性收入12096元，家庭经营性收入6213元，人均财产性收入921元，人均转移性收入2760元。年末全区总户数25.95万户，农村常住人口22.03万人，城镇化率为70.86%。

从以上数据看出，蔬菜是璧山区主要农产品，但是农户从种植、养殖农产品中获得的家庭经营性收入仅为6213元，故全县农村劳动力转移人数呈增长态势，农业从业人口呈现兼业化、老龄化趋势。如何提高农户经营性收入，把全区蔬菜销售出去，进而为周边农户提供增值服务，既是璧山区在当时亟须解决的问题，也是潜在的商机。吴书柱带领四位同学到璧山区开展实地调研，了解并掌握当地的种植类别、分布情况及农户需求等。通过走访县里、乡镇、村社，吴书柱了解到农户销售蔬菜的方式均为自产自销，销售方式为传统的由农户自行运送至就近的乡镇售卖，且各家各户进行种植和销售的大都为留守老人和妇女，能够运输的蔬菜量有限。有农户谈道："我能挑多少就算多少，挣点小钱。好多菜来不及都烂地里头了。"传统产销模式的缺陷在于难以实现规模效益且交易成本大，蔬菜产量大并未为农户带来经济效益。经过深入调研，在老师指导下，吴书柱召集了其他五六个不同专业的同学，于2010年毕业后成立"重庆蜀都蔬菜种植股份合作社"。成立合作社的目的就是帮助农户销售蔬菜，实现种植和销售分工，将蔬菜销售环节独立出来，由合作社来负责拓宽销售渠道、联系买家、分析市场需求，承担销售过程中蔬菜腐烂等风险，增加农户种植蔬菜的收益。吴书柱谈道："创业的初衷就是想把蔬菜运出去、卖出去，既为农户服好务，又增加大家的收益。"正是捕捉到了现代销售模式空缺的商机，吴书柱决定成立专门解决农户销售难题的蔬菜种植合作社，实现了从无到有的突破。合作社在成立初期发展了600多名种植户社员，种植面积6000多亩，和5所高校食堂、4家超市签订了长期供应的合同。

二、创新精神是合作社发展壮大的内在精神支撑

创新精神不仅体现在创业初期，在经营过程中，吴书柱通过整合资源，实现了农村、农民、农业资源和生产关系重新整合。首先，合作社实现了将公司、合作社、互联网、专业大户、农民工人等生产要素的重新组合。

> 吴书柱：合作社成立后，开始面向重庆市高校供应蔬菜，因为高校食堂是较为稳定的客户。但是当我们与5所高校和4家超市签订了长期供货合同后，新的问题又来了。由于之前进入合作社的大都是老人和妇女，种植能力有限，货源供应缺乏稳定性。我们亟须提高社员的种植能力，才能从根本上解决货源的不稳定问题。

吴书柱通过社员向种植能手作宣传，充分发挥农户之间的信任作用，吸引外出务工的农户返乡创业，成为专业化、职业化的种植大户，将原来有技术、有资金、有经验、有见识、有诚信的返乡农民工和农业专业大户动员起来，将原来普通农户的地和资源进行整合，做到规模化、专业化经营。经过动员，带动近100位返乡农民工专门从事蔬菜种植，实现了"公司＋合作社＋互联网＋专业大户＋农民工人"五类生产要素的新组合，为合作社的进一步发展奠定了基础。2014年将合作社更名为"重庆蜀都农产品股份合作社"。

三、冒险精神为合作社发展提供创造性力量

与合作社其他成员相比，吴书柱显然更具有冒险精神，有能力在危机中抓住机遇，把不确定性转化为盈利能力。成立合作社本身就是敢于冒险的体现。

> 吴书柱：我是学市场营销的，在大学期间担任过学生会主席，要找到一份销售工作不难，毕业时我也有机会进入一些公司干销售，但我觉得那样的工作挑战性不够，我想自己带动几个同学一起创业，自己给自己当老板。虽然比起做销售，创业肯定风险更大，但我喜欢挑战。

由此可见，冒险精神是企业家必备的人格特征，吴书柱显然具有敢于挑战、勇于冒险的企业家特质。根据风险和不确定性理论，可以预测的不确定性称作风险，不可预测的不确定性叫作模糊性。在创业和经营过程中，合作社经历和处理了各种不确定性。首先，在创业之初，企业家冒险精神成为凝聚农户和社员的精神支撑。

> 农户1：就这几个年轻娃儿，喊我们把菜拿给他们卖，说得恁个好听，哪个敢信哦。
>
> 农户2：嘴上没毛，办事不牢。我一开始就是觉得这几个娃儿

是搞起耍的，城头读书的娃儿，菜都认不全，哪个会卖菜嘛？

农户3：我就问他们，如果天干，收不到菜，哪个赔？万一别个超市买别家屋头的菜了，我种出来恁个多，哪个来买嘛？

创业伙伴1：我们最担心的就是把菜收过来卖不出去，又或者运输途中烂了、毁坏了怎么办？手上缺资金心里发慌啊！

创业伙伴2：都说谷贱伤农，我就觉得菜丰收了也有风险，菜减产了也有风险。

成立蔬菜合作社，对于农民出身的吴书柱及其创业伙伴来说，面临着自然、市场、技术、物流、资金等多重风险。有学者将上述风险描述为一种圈层结构，自然风险是外围圈层、市场风险是中间圈层、契约风险成了核心圈层[①]。三类风险具有层层传递关系，由于农业是对自然条件依赖性极强的产业，因此合作社面临的风险往往源于不可抗的自然风险。自然风险导致的直接后果就是农产品减产，随之引发农产品价格波动，引发市场风险。契约是联结合作社与社员（农户）的纽带，它贯穿于蔬菜收购和销售的全过程。市场风险会迅速传导至参与市场活动的每一个市场主体，有主体可能无法正常履行契约，为规避风险，为追求自身利益最大化而主动采取的违约行为，从而产生契约风险。面对风险除了要有承担风险的勇气外，还需要尽可能多地搜集信息，降低由于信息不对称可能导致的损失。吴书柱和创业伙伴们做的第一件事就是走访县里、乡镇、村社，了解并掌握当地的种植类别、分布情况、年均产量等，以掌握充足信息预判和防范自然风险。

合作社积极利用媒体的宣传和帮助，广泛宣传自己这群80后和90后大学生的创业故事，比如CCTV2"生财有道"栏目将"蜀都蔬菜合

---

① 王岩，杨俊孝 . 龙头企业带动型农业产业化经营的风险及其防范——基于新疆玛纳斯县的调查 [J]. 广东农业科学，2012，39（06）：186-189.

作社"作为农业"小伙伴"创业典型和经典案例录制了两期"我的合作社"节目，侧面反映了创业之初的艰辛。节目的情感渲染影响了部分消费者的行为选择偏好，吸引了部分消费者，也为降低市场风险作了准备。针对经济理性人本能的利己主义倾向可能带来的违约风险，合作社在自己与农户之间增加了新的中介要素以增大市场主体的违约风险。违约收益高于违约成本是违约行为产生的根本原因，在现代社会，契约的完成是权利义务的清算，需要精密的计算，确当的单位，可靠的媒介，靠理性支配人的行为[1]。乡土中国是一个以血缘为中心的场域，亲人间的信任在交易过程中具有传递信息、维持合作关系、监督契约执行等功能，因此亲人间的非正式制度关系在交易过程中具有降低交易成本的作用，同时也可利用这类非正式制度的社会资本的道德约束功能规范社员行为，降低违约风险。

　　创业伙伴1：我找到我高中同班同学的父亲，请他在农户和合作社中间做个担保人，因为他是村里的长辈，德高望重，他说的话大家都要听，农户们大都不能完全弄明白合同，但都信他说的话。

　　引入"担保人"中介延长了合作社供销产业链，稳定了社员和合作社之间的合作关系，不仅有效规避了社员的违约风险，同时也切实保护了农户的利益，降低了双方的交易成本，还成为合作社的创新举措之一。由此可见，冒险精神和创新精神具有内在的耦合性，创新过程是充满风险挑战的过程，而化解风险、迎接挑战又需要创新组织方式、引入新的生产要素等创新行为来实现。

---

[1] 费孝通著. 乡土中国 [M]. 北京：北京出版社，2009.

5.2.2　经营管理职能是推动合作社发展的能力保障

一、战略规划能力为合作社成立提供方向指引

战略规划是对资源配置和利用的起点，包括使命和愿景的设计，环境和趋势分析，长期和短期目标的确定，组织控制系统的改变等活动[①]。具体对农业企业家而言，战略规划能力旨在全面了解国内外市场走势，调查不同农产品的市场份额，主动分析市场需求的基础上，进行准确的预判，制定企业发展短期、中期和长期目标，降低农产品销售风险。按照彼得·德鲁克的论述，战略规划是分析型思维，是一种责任[②]。国家正式制度安排是个体分析研判、作出战略规划的重要依据。2009 年 12 月 31 日发布的《中共中央、国务院关于加大统筹城乡发展力度，进一步夯实农业农村发展基础的若干意见》（中央 1 号文件）明确指出，"大力发展农民专业合作社，深入推进示范社建设行动，对服务能力强、民主管理好的合作社给予补助。各级政府扶持的贷款担保公司要把农民专业合作社纳入服务范围，支持有条件的合作社兴办农村资金互助社。扶持农民专业合作社自办农产品加工企业。积极发展农业农村各种社会化服务组织，为农民提供便捷高效、质优价廉的各种专业服务"。

> 吴书柱：我虽然是学市场营销的，但是我一直关注国家的政策方针，因为政府决策安排部署对市场走向有很大影响。当我关注农村市场时，肯定会看 1 号文件对农业发展的部署。2009 年年底发布的中央 1 号文件明确提到"大力发展农民专业合作社"，这是促使我下定决心创业，开办蔬菜合作社的重要因素。

---

① 张建琦，郑新，章文心．企业家战略规划能力的构成及其影响的实证分析——以广东省中小民营企业为例 [J]．南方经济，2008（03）：72-79.

② 德鲁克（Drucker, P.F.）著；王永贵译．管理·使命·责任·实务 [M]．北京：机械工业出版社，2006.

　　吴书柱：创业伙伴是来自学校5个不同专业的同学，他们有的对市场营销，尤其是对农产品的市场营销并不太懂，我就给他们描绘未来合作社成立之后要做些什么，未来可能发展到多大，能够给我们带来什么收益，相当于是对他们进行培训，再让他们把这些信息传递给农户，争取农户入社。

　　由此可见，正是因为对国家政策部署的关注、正确理解，为吴书柱的创业战略规划指明了方向。在分析宏观形势的基础上，吴书柱对璧山区农业整体情况和农户种植情况、家庭情况进行了详细调研。通过调研，了解到璧山区的气候条件、土壤结构、蔬菜种类、年产量等信息。同时得知璧山区农户大都为留守妇女和老人，抗风险能力较弱，并且从蔬菜种植中的获益较低。战略规划能力就体现在对上述信息进行整合，顺应形势发展需求建立新的销售组织形式，并把新的销售组织形式带来的美好愿景传递给社员（农户）、合作伙伴等利益相关者。成立蔬菜合作社能够掌握微笑曲线的市场营销端，挖掘农业附加值，实现规模报酬递增，不仅能够解决各家各户的蔬菜销售问题，还能增加农户收益。吴书柱再将上述愿景细化为绩效目标，并向农户和创业伙伴作出承诺，为创业提供了必需的凝聚力，营造了能吃苦、敢打拼的企业文化氛围。

　　农户1：我们就想着自己种点自己吃，能种多少算多少。走不动了，就近挑点去卖，不想着靠种菜挣钱，补贴点算点，娃儿在外面打工也辛苦。

　　农户2：祖祖辈辈都是这么弄的，就是挑到街上去卖（菜），赶场的时候多卖点，媳妇也跟着挑点。

二、战略决策能力抓住了合作社发展的重要契机

根据本书第三章关于企业家才能的研究，企业家战略决策能力是在

分析企业内外部资源的基础上，制定或调整企业发展方向，进行战略判断和果断创新决策，并承担由此带来不确定性风险的能力①。对专业农民专业合作社而言，战略决策能力体现为分析农业市场走势，作出合作社销售什么、销售多少、对谁销售等一系列决策。其核心是探求农业产业发展规律，立足于璧山区资源差异性和合作社对资源运用能力基础上打造合作社核心竞争优势。进行企业决策大都沿用两种思路：一是外部市场机会导向型；二是内部资源能力导向型。前者认为市场机会是稍纵即逝的，企业决策应以抓住外部市场机会为导向，抓住外部市场机会是作出决策的根本目的。如果企业内部既有资源暂不具备抓住机会的能力，则用"补课"的方式补齐企业资源。后者则相反，认为企业作出决策应基于企业内部资源，避免产生企业内部资源与市场机会不匹配而错过企业发展机会②。尽管上述两种思路出发点不同，但核心问题都是如何高效利用和合理配置企业资源，包括物力、人力、财产等有形资源和企业文化等无形资源。合作社负责人及创业团队在进行企业决策时，正是在充分研判市场的基础上，构建了合作社的核心竞争优势，促使合作社从孵化期经历到成长期。

第一，合作社的成立是基于地理环境和人力资源优势的战略决策。

> 吴书柱：我是土生土长的农村人，对重庆的气候条件、蔬菜产量等不说十分了解，也是八九分熟悉，蔬菜销售这个行当对我来说肯定不是陌生行当。又在重庆读了四年大学，这四年我可不是只读圣贤书，因为自己学的是市场营销，对重庆市里大学区域我一直在关注，搜集了不少信息。

---

① 刘进，揭筱纹. 企业家战略领导能力解构研究述评 [J]. 江南大学学报（人文社会科学版），2011, 10（02）：64-69.
② 徐朝华. 从资源与团队能力视角看企业战略决策方向 [J]. 中国市场，2010（46）：69-72.

吴书柱：对于创业团队人选我也是在四年大学生活中逐步观察发掘的。创业合作伙伴 1 在大学期间担任支部书记，我发现他典型的特点就是特别有耐心，尤其是做思想工作很有一套，经常有同学是怒气冲冲来学院，称兄道弟笑着离开。创业合作伙伴 2 被大家戏称为"外交家"，上到学院党委书记，下到食堂师傅，他都能混成一家人一般，不仅如此，和其他兄弟学院和兄弟学校的老师同学都能处成一家人一般。创业合作伙伴 3 是一位非常细心的人，在学院担任生活委员，每次出去活动后，他都能把账算得清清楚楚，一分一厘都不会错。

创业合作伙伴 1：吴书柱是学生会主席，是一个很有想法的人，在我们学生中间很有号召力，虽然创业充满风险，但跟着他创业就总觉得有主心骨。

创业合作伙伴 2：决定成立合作社那会儿，重庆的夏天很热，我们自嘲我们 5 个人是"一无一有"团队，无钱，有干劲。我们没空调，就在唯一的一辆货车上打开车门睡觉，打牙祭的饭菜就是镇上的豆花饭，3 至 4.5 块钱一份。

创业合作伙伴 3：刚开始农户都不相信我们，我就从熟人开始做工作，让他们相信我这个从村里土生土长的大学生，再由他们去帮我拉更多的农户入社，这样工作就好做多了。

璧山区离重庆主城区解放碑共 40 分钟车程，通过外环到江北机场也是 40 分钟左右车程，从地理环境来看，具备短途运输蔬菜的天然优势。璧山区不仅具有地理区域优势，域内资源也极为丰富，农业底线鲜明。在 2010 年的时候，璧山区已形成了蔬菜、苗木、水果三大农业主导产业。在璧北，从 2011 年就开始建有十万亩蔬菜基地，2013 年由国家科技部、农业部等六部委批准建立全国第五批国家级农业科技园区，也是重庆市第三个国家级农业科技园区，其中"璧山儿菜"成为璧山区的地理标志型蔬菜。璧西有十万亩水果基地，先后获得"中国优质葡萄之乡""中国葡萄无公害科技创新示范县""中华名果"等荣誉称号。上述璧山区内生资源都为成立蔬菜合作社奠定了物质资源基础。从社会资本来看，乡土社会的人际关系网络是以血缘为中心维系的，血缘型社会资本在信息传递、获取信任、统一行动等方面具有不可替代的作用。合作社中有 2 位成员是来自璧山区的本村村民，能够有效地利用社会资本为萌芽期的合作社降低交易成本，通过血缘型社会资本向农户们传递加入合作社能为农户带来的实惠，讲清楚合作社的工作到底是什么，成为合作社独特的生存优势。从人力资源基础来看，合作社负责人吴书柱在大学期间担任学生会主席，在同学中具有较强号召力，能够利用号召力把创业伙伴凝聚到一起，形成创业团队，并在团队中传递吃苦耐劳的创业精神，形成合作社的企业文化，成为合作社的文化资源。从合作社人员构成上来看，带头人发挥了每一个成员的优势，以其优势为基础在合作社中承担了不同职责，形成了团队的人力资源优势。

第二，合作社广泛利用社会资源作出战略决策，应对危机。

农业是高度依赖气候条件的产业，这就决定了自然气候变化对农业产业影响极大。外部环境变化对企业战略决策能力提出了更高要求，实际上要求企业家在作出决策时具有较强的适应环境能力，应随环境变化，依据企业拥有的资源等动态调整商业模式构建核心竞争优势。合作社刚成立不久，在 2010 年就经历了由于自然条件变化导致的第一次危机。11 月时值大量莴笋和白菜上市的季节，而璧山菜农跟风种植，出现严重滞销，大概有 5000 吨蔬菜在地里无人问津。农户自然想到了与他们签订销售合同的"蜀都蔬菜合作社"。这对应对危机毫无经验的一群 80 后、90 后创业年轻人来说无疑是一次重大挑战。

吴书柱：刚开始我也是蒙的，看着社员们一窝蜂地往合作社拥，脑袋都是昏的，创业伙伴们也都没见过这种场面。但我迅速镇定下来，我不能慌，我一慌就没主心骨了。于是我想到何不借此机会，把我们几个年轻人的创业故事讲出去，蔬菜都是一样的，但倾注了创业情感的蔬菜就不一样。

在危机中，有的创业伙伴提出改变产品形态，将白菜做成辣白菜销售，既可以避免烂在地里，又增加了产品附加值。吴书柱则引入了新的媒体资源，通过传媒如实地讲述了"蜀都蔬菜合作社"5个80后、90后创业人吃苦耐劳的创业故事，用校友身份、大学生自主创新创业精神等情感影响了消费者的偏好，和重庆几所高校食堂顺利签订了销售合同，将滞销的白菜销售至重庆五所高校，同时与重百、新世纪、永辉、重客隆四大超市签署了4200吨蔬菜供应的意向性协议，协议签订后，合作社的蔬菜一改原来低价都没人收购的状态，呈现出销售量价齐升的良好态势[1]。实现了在不确定性中确立持续竞争优势的目标。

第三，创建农业自主品牌是基于物质资源和人力资源优势的战略决策。

品牌是一个企业长期的战略性资产，是获取竞争优势和财务回报的重要来源[2]。自主品牌则是指企业以自己拥有所有权的品牌来生产和销售产品[3]。发展自有品牌是提高货架控制能力，提升与制造商的议价能力，

---

① 赵学刚，谢君．大学生联合领办 农民联合发展——记发展中的重庆蜀都蔬菜种植专业合作社[J]．中国农民合作社，2011（05）：30-32.
② Jacobson A R .The Value Relevance of Brand Attitude in High-Technology Markets[J]. Journal of Marketing Research（JMR），2001, 38（4）:485-493.
③ Kotler P .Marketing management : analysis, planning, implementation, and control[J]. Prentice-Hall, 1997.

增加客户忠诚度，最终寻求对同行竞争优势的重要战略选择[①]。有研究表明，销售企业的口碑是赢得顾客信任的先天资源，面对销售企业的自有品牌商品，消费者会倾向于选择自己有信任基础的品牌[②]。基于资源编排理论视角，企业仅仅拥有关键资源是不够的，还需要动态地配置和利用内部和外部的异构资源组合，建立自有品牌则是实现既有资源重新组合，从而为企业配置新资源的有效途径[③]。在创建自有品牌过程中，环境不确定性、企业家导向、组织能力在不同程度上影响企业家建设品牌的决策[④]。因此需要企业赋能既有资源，结构化地编排内外部资源组合，通过资源选择、资源输入、品牌建设三个阶段建设自有品牌。销售企业建立自有品牌往往不是从零开始，而是立足于传统资源禀赋，通过建设自有品牌夯实和提升核心竞争力。

吴书柱：那一次白菜滞销危机，我们虽然处理下来了，也实现了转危为机，和 5 家重庆高校食堂签订了合同，但是利润空间被压到了最低点，这种销售模式显然是难以为继的。从那次开始我就在观察和思考，如何让合作社顺利度过成长期，扩大我们的经营优势，提升利润空间。不提升利润，合作社注定是做不长久的。

创业合作伙伴 2：晚上我们几个人就在一起（做）头脑风暴。一起研究麦德龙、沃尔玛这样的大超市，还有与我们离得最近的成都本土零售超市红旗连锁，看他们是如何生存和发展的。通过做功

---

① Walsh G., Mitchell V. W.. Consumers' Intention to Buy Private Label Brands Revisited[J]. Journal of General Management, 2010, 35（3）: 3-24.

② 刘竞，傅科. 信息不对称下零售商自有品牌引入问题研究 [J]. 管理科学学报, 2019, 22（09）: 39-51.

③ 张青，华志兵. 资源编排理论及其研究进展述评 [J]. 经济管理, 2020, 42（09）: 193-208.

④ 汪涛，郭锐. 中国企业品牌战略决策影响因素研究——环境不确定性、企业家导向和组织能力 [J]. 武汉大学学报（哲学社会科学版），2008（06）: 852-856.

课，我们意识到这些连锁超市除了销售商品外，都有自创的品牌。比如红旗连锁，还有自己的养猪场。

创业合作伙伴3：经过几轮头脑风暴，我们意识到得建设自己的自有品牌，就建立什么品牌的问题上，大家看法比较一致，还是得靠农吃农，做农业品牌。

通过梳理合作社销售农产品的门类、璧山区的优势农产品、璧山区在种养殖方面的技术、合作社销售渠道等优势及时展开市场调查，合作社总结出璧山区在生猪养殖、土鸡养殖、葡萄种植、儿菜种植等方面有传统优势。在整合社员和璧山区人力资源基础上，合作社构建了"规划品牌定位——瞄准潜在种养殖能手——培育种养殖大户——创新销售模式——发展衍生产业——创新销售模式——推广品牌"的自有品牌建设链。目前，"蜀都蔬菜合作社"已发展成为"重庆蜀都农产品股份合作社"，并创建出自己的"东方锄禾"正宗生鲜农产品品牌。在创建自主品牌过程中，除了对物质类有形资源进行重新编排外，还要分析企业家才能等人力资源对自有品牌建设的影响。就像通用汽车公司前任CEO史龙·亚佛德说过的那样，他可以从我这里拿到所有的财产，但如果他愿意留下我的员工，那么他在五年之内，就可以收回他的投资。从品牌建设过程来看，合作社带头人对不确定性的感知能力促使其萌发创建品牌的构想。吴书柱在访谈中谈道，对农业市场变化的预判促使其提前谋划打破销售常规模式，思考建设自有品牌。在品牌管理层面，企业家才能贯穿于战略管理、营销管理、运营管理和财务管理始终。战略管理需要企业家的创新精神和冒险精神去识别和把握市场机会，营销管理需要企业家发挥决策才能，以顾客需求为核心，作出发现顾客需求、将需求转化为市场价值、创造和实现价值的全方位决策。运营管理则要求企业家通过组织协调，在生产、物流和供应链等方面降低成本，提升质量，增加品牌附加值①。吴书柱和创业合作伙伴通过市场调研和政策分析得知，食品安全和规模化经营是未来在乡村振兴背景下农业发展的两个关键词。食品安全体现了消费者的需求价值导向，也是农产品市场发展的机遇，用安全农产品满足消费者需求就是把握机遇，实现消费者价值，提升合作社利润空间的过程。因此，品牌架构必须以食品安全为核心价值取向。规模化经营则为企业家规划顶层设计规划了方向，规模化经营是实现农业现代化的必由之路，因此建设自有品牌的农产品种养殖也必须实现规模化经营。而规模化经营的核心是土地和技术问题，这是合作社带头人进行战略决策时考虑的关键问题。

> 吴书柱：我们在从事蔬菜销售过程中，也通过"干中学"在不断积累农业知识，要把自己从销售专家转变为农业销售专家，这是复合型人才。而土地是发展农业的核心问题。我们仔细分析国家土地政策，去请教相关专家为我们解读政策，这样才能确保作出符合国家发展方向的战略决策。

由此可见，企业家对各类有形资源和无形资源的架构是企业建构自有品牌的立足点和实现路径，在品牌管理过程中除了要体现企业的盈利目标外，还要传递消费者价值导向和企业品牌社会价值，企业家的战略决策能力在顶层设计和具体管理过程中发挥了不可替代的作用。

三、资源整合能力为扩大合作社经营规模提供资源保障

资源整合能力反映了企业家开发资源、驾驭资源以及分工、协调组织管理能力。吴书柱和创业合作伙伴1的大学专业分别是市场营销和电子商务，但对农业知识知之甚少。为了积累农业知识，把市场营销和

---

① 何佳讯. 品牌战略：从经理人主导迈向企业家主导 [J]. 清华管理评论，2022（09）：70-75.

电子商务一般理论与农产品销售相结合，两位品牌创始人在农贸市场门口摆摊卖过十多天蔬菜。在十天销售经历中，两人了解到消费者对食品安全问题尤其重视，"安全"是影响消费者行为选择的首要因素。但农户对该信息却并未完全了解。农产品市场需求和供给之间存在结构性失衡。对市场关键信息的掌握消除了企业家对预见环境变化的无能感，直接促成吴书柱和创业合作伙伴对研发销售安全农产品商业机遇的感知和策划以主打"安全"农产品销售的创新营销战略的执行。从萌发创意到执行创意的飞跃中，企业家导向，即企业带头人和创业合作伙伴对承担风险的偏好决定了企业在创新、积极竞争等方面的投入倾向。

　　吴书柱：我们意识到仅仅销售蔬菜是不行的，利润空间已经不大，为了解决农产品市场供给和需求的结构性失衡问题，我们需要把产业链从销售端扩展到种植端，扩大合作社规模，增大利润总额。与此同时，国家鼓励土地流转，发展适度规模经营，这意味着我们这些做农产品销售的人所面临的竞争环境正在发生变化。我们必须提前规划、积极应对，靠降低蔬菜销售价格的营销策略已经不能适应市场变化了。

　　随着我国工业化、信息化、城市化和农业现代化的发展，出现了大规模的农业劳动力流动，农业的物质技术和设备越来越先进，家庭的承包经营活动也在加速进行，发展农业适度规模经营已成为农业产业化的一个重要方向。通过对农村土地资源的合理分配，促进生产力的提升，保证国家的食品安全，保证重要的农产品供应，是实现农村现代化的必然选择。有助于推动农业科技的普及与提高农业的效益和农民的收入。实践证明，土地流转和适度规模经营是发展现代农业的必由之路，有利于优化土地资源配置和提高劳动生产率，有利于保障粮食安全和主要农产品供给，有利于促进农业技术推广应用和农业增效、农民增收。

2008 年 12 月 4 日，由重庆市人民政府出资成立的重庆农村土地交易所正式挂牌成立，这是全国首家挂牌的农村土地交易所。其主要职责是组织指标交易（即地票交易）和农村产权流转交易，逐步建立城乡统一的建设用地市场。国家对土地流转的支持对合作社扩大经营规模提供了政策支持。合作社带头人积极运用土地资源，协调组织农户发展"生态农产品"种养殖业务，以适应外部竞争变化。通过运用蔬菜销售的相对固定收入，合作社将璧山城郊流转的 200 多亩土地打造成草莓等蔬果种植园，运用协调整合能力，立足于农户原有种养殖基础和人力资源条件，对农户进行分工，专职种植绿色蔬菜或养殖生态家禽，分别培训农民养殖生态猪、土鸡等家禽，打造了绿色农产品种养殖端。不仅如此，合作社负责人还将生产端与销售端打通，利用合作社传统销售优势，创新出直营销售模式，将生态农产品直接销售进社区，实现生态农产品从田间到餐桌的无周转销售模式，一方面降低了生态农产品运输成本，在生态农产品竞争中赢得了价格优势；另一方面又拓展了新的销售渠道——社区。

由此可见，合作社带头人的高创新倾向、冒险偏好、组织管理协调能力、信息获取和分析能力等与扩大合作社经营规模具有较强的正相关关系，环境的不确定性即变动性对具有冒险偏好的决策主体有正向调节作用，即外部环境变化越大，越能激发具有冒险和创新精神的合作社带头人去作出主动适应环境变化、延长产业链、深化分工的战略决策。

四、研发设计能力为合作社进一步发展提供智力支持

《中华人民共和国国民经济和社会发展第十四个五年规划和 2035 年远景目标纲要》强调指出，要做好迎接数字时代的准备，激活数据要素潜能，推进网络强国建设，加快建设数字经济、数字社会、数字政府，以数字化转型整体驱动生产方式、生活方式和治理方式变革。在数字中国建设背景下，数字技术赋能乡村振兴，为农业发展带来新的机遇和挑战。乡村产业数智化解决方案是运用人工智能、大数据、区块链、云计算、物联网等数智技术，搭建乡村产业服务平台，推动数字技术与农业农村经济深度融合，促进农村一、二、三产业融合发展，加快农业生产、流通、营销等关键环节数智化改造升级，如前文所述，研发设计能力指在农产品培育、销售、农业服务社会、完善利益联结机制等方面培育新品种、创新销售模式、扩大合作经营范围、创新服务带农方式等。在乡村产业数智化背景下，农业企业家的科技研发能力需要体现其运用数字技术服务于农业发展。具体到农民专业合作社带头人的科技研发能力，指其运用数字技术赋能产品销售和运输，推动农业与二、三产业融合发展的能力。

吴书柱：我们学习党的二十大报告，对其中提到的"四新"（新领域、新赛道、新动能、新优势）很有感触。在智能时代，我们传统的销售方式受到挑战，必须考虑运用数字技术改造升级我们的销售系统。当然，这个过程肯定又会面临新的挑战和困难，比如融资压力等。

创业合作伙伴 1：我是学电子商务的，但是我们学习的电子商务和今天的智能化完全是两个不同的概念。智能化意味着生产、销售模式等都会发生根本性变革。

创业合作伙伴 2：目前我们在种养殖生态农产品方面打造了"东方锄禾"这个品牌，根据智能化发展思路，我们正在考虑是不是应当把种养殖业同发展观光生态农业融合起来。

由此可见，乡村产业发展离不开技术支持。农业科技支持农业产业发展的具体路径为：一是通过生产结构、生产工艺过程、生产方式、生产规模等对产业部门产生影响；二是新型产业改造和淘汰落后产业，以技术扩散效应激发本产业和相关产业变革，从而缩小产业之间的分割，促进三大产业融合发展。其中，乡村旅游是依托于"三农"的新型业态，产业链长、产业关联度高，成为农村地区优化产业结构以及促进产业升级的重要法宝[①]。在合作社发展生态种养殖业的过程中，吴书柱和创业合作伙伴们因地制宜，充分发挥璧山区离主城区交通距离近的区位优势，围绕农业的多元价值链，挖掘农业教育、体验、休闲、旅游、度假等服务效能，从种养殖业中衍生出农业观光旅游业，开发出学生在种植地研学、新鲜采摘、DIY烹饪，大棚观光等乡村娱乐服务项目，通过观光旅游业扩大对"东方锄禾"农产品的宣传，实现农业、乡村与文化的融合发展。除了在产业融合方面下功夫外，合作社负责人的科技研发能力还体现在将智能技术赋能推广无公害栽培技术上。改变过去挨家挨户给农户送无公害化肥、农药的传统种植模式，通过有针对性地培养新型种植能手，提倡生物防治和物理防治病虫害，实现蔬菜无公害目标。

　　创业合作伙伴2：下一步我们将考虑把电商引入产品销售，在电商平台打开优质特色农产品销路，开发"电商＋小农户"销售模式，利用直播带货等方式扩大"东方锄禾"农产品的影响力。

　　当前，数字技术对农村经济的全面渗透、数字技术的普及为三产融合提供了新动力，智慧农业的应用场景将会进一步拓展。通过大数据分析，农产品供给端和销售端匹配的精准度将进一步提高。无人机植保、农机自动驾驶、精细化养殖成为必然趋势。农业销售途径将更

---

① 方世敏，王海艳. 农业与旅游产业融合系统演化机制研究 [J]. 湘潭大学学报（哲学社会科学版），2019, 43（02）：63-68.

多元化，范围更广，销售过程管理更加智能化。依托企业家科技研发能力的决策都将基于数字化下的农业发展前景，强化农村产业融合前、中、后各个环节和各个经营主体的衔接度，从整体上重塑农产品产业链和价值链，推动农村产业融合沿着延长产业链和农业产业集群的方向发展。

企业家才能赋能
家庭农场案例分析

第六章

本章基于重庆市忠县仕钦家庭农场发展的真实案例，根据本书第三章所阐述的"企业家才能赋能新型农业经营主体分析框架"，研究企业家才能对于新型农业经营主体中"家庭农场"的影响。由前文可知，企业家才能可以分为"企业家精神"和"企业家职能"两个部分，通过研究表明家庭农场主的才能直接影响到该家庭农场的收益和实际经营状况。家庭农场主的创新精神和冒险精神对于家庭农场的经营状况具有积极的影响。它们可以帮助农民开发新产品或服务，提高生产效率，拓展市场渠道，管理风险，并适应变化。这些努力有助于提高农场的盈利能力和竞争力，推动农业的可持续发展。家庭农场主的职能，例如战略规划能力、战略决策能力、资源整合能力、学习能力等将直接推动家庭农场的发展，改善经营状况。

6.1　案例介绍

在国家农业农村部公布的第四批新型农业经营主体典型案例名单中，重庆市忠县仕钦家庭农场上榜该名单。2013 年，该农场被评为重庆市市级示范家庭农场。该家庭农场秉承生态优先、种养结合的绿色发展理念，实施水稻规模化、现代化种植，担当撂荒地整治责任，开展农业机械化作业等社会化服务，走出了一条家庭经营与现代农业相结合的发展之路。

仕钦家庭农场位于重庆市忠县花桥镇宝胜村 6 组，创办于 2006 年，2014 年登记注册为个人独资企业。流转田地 1080 亩，主要从事水稻种植及农业生产社会化服务。农场把花桥镇外出务工人员无暇耕种或不愿耕种的田地接手过来进行代耕代种，通过土地整治，逐步形成连接成片、适宜机械化作业的良田良地，大幅减少了撂荒土地面积。2014—2020年，农场以亩均420元/年的价格流转了周边1000余亩土地。农场带头在全镇推广两系稻，相比传统的三系稻，两系稻的抗病虫性更强，亩均增产20%以上，且磨出的大米含有更丰富的维生素、铁等营养元素，清香可口，颇受市场欢迎。在农场的示范带动下，花桥镇两系稻规模化种植率达95%，成为重要的产粮基地。与此同时，农场还坚持种养生态循环的理念，同步发展塘鱼、生猪饲养。农场建成年出栏200头商品猪的小型养殖场，用种植的玉米做原料饲喂生猪，生猪代谢产生的粪污发酵后又成为粮食生产所需的有机肥。通过种养结合，农场的农药化肥使用量逐年减少，农作物产量和质量不断提高。2022年，农场尝试发展了20亩稻花鱼养殖。养殖的鱼为水稻翻松泥，增加土壤含氧量和有机质含量，水稻又为鱼提供食物和生存环境，通过"稻鱼共生"，同一块田地里算出了绿色和经济"两笔账"。

6.2　企业家才能两个维度与家庭农场发展

6.2.1　创新精神和冒险精神是家庭农场发展的关键驱动力

一、创新精神为家庭农场的成立奠定了基础

农场主沈仕钦早年在外务工，直到2006年才返乡创业从事农业生产。2008年10月，《中共中央关于推进农村改革发展若干重大问题的决定》指出，要发展多种形式的适度规模经营，有条件的地方可以发展专业大户、家庭农场、农民专业合作社等规模经营主体。农场主沈仕钦敏锐地把握到国家政策的变化，认为国家正在逐步重视农业生产，发展多种农业经营主体，这也更加坚定了他在农业这条道路上继续走下去的决心。2013 年中央一号文件提出，鼓励和支持承包土地向专业大户、家庭农场、农民专业合作社流转。沈仕钦意识到这是发展农业的好机遇，于是沈仕钦积极把握这一机会，流转土地扩大经营规模，开展水稻、玉米种植以及生猪、塘鱼养殖，推行种养结合的现代农业发展模式。对于种子的选用方面，沈仕钦撇去了传统的常见的种子类别，选取多种种子进行试验，最终选用了丰产性能好、抗性强、产量高的两优系列水稻品种。选用了高产、优质、抗倒伏力强的豪单 168、长单 46 等玉米品种。除此之外，2014 年忠县财政局、县农委联合发出《关于申报 2014 年粮油高产创建项目的通知》。《通知》指出，对 100 ～ 500 亩连片规模水稻种植大户，每亩给予补贴 588 元。政府职能的不断完善，对于农业企业家创新精神的发展提供了进一步的发展机遇。正是因为有了国家政府对于农业、农村、农民的支持，加上沈仕钦个人能够积极把握机遇，创新农业生产模式，在 2014 年正式成立忠县仕钦家庭农场。目前，仕钦家庭农场由刚开始创立时的 25 亩发展到现在经营规模已经突破 1000 亩，年产稻谷 600 余吨，年产值 150 余万元。

> 沈仕钦：当时莫说村上，就是我们一个镇，都没有啥子"家庭农场"的做法。老实说，刚开始心里面还是打鼓，不确定到底会不会成功，但还是想着既然都开始了，还是要坚持做下去！

重庆市忠县花桥镇位于忠县西北部，这里地势平坦，土地肥沃，大沙河贯穿全境，稻田以冲田、坝田为主，旱地多为浅丘。农业基础良好，农民种植积极性高。正是由于良好的农业种植环境，加上国家政策的大力支持，沈仕钦真正找到了一条以农业发家致富的道路，创办家庭农场可以说是大势所趋，但是更多的是沈仕钦对于未来的清晰规划以及对当下农业生产大环境的准确把握。创新精神是企业家精神的根本所在，也是农业企业家必须具备的能力素质之一。在"新型农业经营主体"还未完全普及的情况之下，花桥镇绝大多数农民依然遵循传统的农业生产方式，以自耕自种的方式进行农业生产。依赖自然资源和家庭劳动力，水稻和其他农产品的生产规模较小，且主要用于自给自足和保障家庭生计。这种生产模式效率较低，难以实现规模经济，市场供应不足，难以满足市场需求。由于缺乏规模经济和技术支持，花桥镇村民往往难以提高农产品的质量，难以降低生产成本，限制了其经济收入的提升。随着农业现代化的推进和农村经济结构的转型，针对传统小农户的问题，逐渐发展出了家庭农场和农业产业化等新型的农业生产方式。2014年3月，沈仕钦拿到了"忠县仕钦家庭农场"的营业执照，这是花桥镇首家登记成立的家庭农场。沈仕钦在这一有利的大环境之下，凭借个人对农业发展的高瞻远瞩，勇于打破传统农业生产的固定思维，优先发展家庭农场，这不仅仅是对农业资源利用率的大幅度提高，也是对农民收入的逐步增加。由此可见仕钦家庭农场的创立离不开沈仕钦个人不拘现状的敢于奋斗以及破除传统束缚的创新精神。

二、创新精神为家庭农场的发展注入了活力

随着社会经济的发展和人口的增长，农业生产面临着新的挑战和需求。传统的农业生产方式和经营模式已经不能满足现代农业发展的需求。企业家创新精神能够激发农民的创造力和创新能力，引导农民采用先进的农业技术和管理方法，提高生产效率和质量，适应市场需求的变化。

第一，新型农业经营主体的创新精神首先体现在农业生产工具的更新。农业生产具有极强的不稳定性，农产品供应往往受到天气、季节和个体农户的因素影响，容易出现供需失衡和价格波动。传统的生产方式通常依赖于农业劳动力和传统的耕作方式，对土地和环境资源的利用存在一定的局限性。农民的收入水平往往较低，生活条件相对较差，难以实现农民的综合发展和生活质量的提高。

沈仕钦：种地全靠人工确实恼火，太晒了下地不行，下雨下地也不行。加上越来越多的年轻人都选择进城务工，留在村里的大多数是老人和小孩，所以劳动力也不充足。加上人工劳动的费用有时候也不划算，所以还是想办法进行机器耕作。

沈仕钦：从 2006 年我创办"仕钦家庭农场"以来，一直在慢慢积累，刚开始没有太多资金，规模比较小，所以还是人工劳动较多一点；但是后来规模大了，也有了一定的资金储备，我就开始慢慢购置机械化设备了，节省了播种、收获的时间，也节省了不少人工费用。

沈仕钦创立家庭农场以来，不断探求科技兴农这条道路，积极推动农业现代化、信息化。正是他对于生产技术的创新，给仕钦家庭农场的发展注入了新的活力。到目前为止，仕钦家庭农场建有 700 平方米的大米加工厂房 1 座，配套 20 吨、12 吨、6 吨加工能力的烘干设备各 1 台，有收割机 3 台、拖拉机带旋耕机 4 台、插秧机 5 台、载重 8 吨的货车 1 辆、喷药无人机 1 架。机械可以完成大量的农业工作，比如耕地、播种、收割等，比人工操作更快捷高效，可以节省大量时间和人力成本。无人机等高科技的应用可以更加精确地管理资源的使用，减少浪费和环境污染，提高农业的可持续性。家庭农场能够高效地进行种植、养殖和农产品加工。更多的工具和技术，增强了其生产能力和市场竞争力，同时也有助于环境保护和资源节约。总而言之，农业生产机械的逐步应用为家庭农场提供了更多的发展机会和选择，使其能够更好地适应现代农业的需求和挑战。仕钦家庭农场规模的不断扩大，仅凭人工劳作远远达不到预期成果。农场成立初期，大量手工劳作复杂琐碎不仅容易造成资源的浪费，而且支付人工费用也是一笔不小的开支，这对农场的发展增加了不少压力。因此，后来沈仕钦逐步摒弃传统手工耕作，采用机械化生产，为家庭农场的发展注入了新的活力，提供了更多可能性和发展空间。

除了机械化生产工具，逐步改进种植技术也是家庭农场主创新精神的具体体现。绿色农业是农业现代化的必然选择，而绿色种植技术是保障绿色农业顺利实现的关键性因素。在新的形势下，如何更好地推进"三农"工作，使农副产品的附加值更高，使农民增收更多，使中国特色的社会主义事业进入新的发展阶段，已成为摆在我们面前的重大课题。但是，由于农产品是一种低端的商品，依赖于传统的生产方式，导致了生产成本的增加和农民收入的降低。同时，我国现有的水资源和耕地资源都比较缺乏，制约着我国农村经济的进一步发展。而在发展和运用绿色栽培技术的过程中，既可以提高农产品的附加值，又可以提高农户的收入，促进乡村资源和现代资源的深入融合，加快推进农业现代化。沈仕钦对于家庭农场的后续发展也有了长远的考虑。化肥农药的过度使用不仅会损害农产品的质量而且对生态环境也要造成巨大的破坏。仕钦家庭农场在不断摸索中提出了"种养结合的现代农业发展模式"。所谓的"种养结合"就是指将种植业和养殖业相结合，通过合理的规划和管理，实现农业生产资源的最优配置和利用，提高农业生产效益和农民收入。种养结合的核心思想是将农作物种植与畜禽养殖相结合，形成一个良性循环和相互补充的生产体系。通过种养结合，可以实现农产品的有机循环利用和资源的高效利用，减少农业生产的浪费和环境污染。仕钦家庭农场首先采用的是"玉米种植和生猪养殖"种养模式。该模式取得了重大成功，农药化肥使用量明显减少，而玉米产量却在逐年提高。2022年，仕钦家庭农场实行"水稻种植和塘鱼养殖一体化"模式。通过合理的时间序列和空间布局，将水稻种植与塘鱼养殖结合起来，在水稻田中放置养鱼池塘，通过鱼类食用杂草、虫害和残余的农药，起到净化水体的作用。这样可以减少农药的使用和水稻的病虫害发生。鱼类在养殖过程中产生的粪便可以作为有机肥料施用到水稻田中，增强土壤肥力，减少化学肥料的使用。鱼类可以在水稻田中游动，同时也可以为水稻提供肥料和稳定的温度，有助于水稻的生长。而水稻秸秆、杂草和粉碎的稻谷则可以作为鱼类的饲料，减少对传统鱼饲料的依赖。这种新型的种植、养殖方式提高了土地资源利用率，减少农业生产的污染和浪费，增加家庭农场的收入。它同时也有助于推动花桥镇农业产业化和农村经济的发展。沈仕钦采用的"种养结合"的农业生产模式不仅仅扩大了家庭农场的农产品种类，也是对绿色农业理念的完美践行。

　　沈仕钦：习总书记说得好，"绿水青山就是金山银山"。本来我们搞农业的就要格外注意食品安全，要是土地、水都被污染了，哪里还有安全的农产品？

　　沈仕钦：现在都讲求"绿色农业"，科学种田。我们摸索出来的"种养结合"的模式，同一块田地里算出了绿色和经济"两笔账"，不仅仅是可以增加产量，而且利用牲畜的粪便可以提高土壤肥力，减少化肥的使用，让种出来的粮食真正是"绿色食品"。

三、冒险精神促进了忠县仕钦家庭农场的创立和发展

　　企业家冒险精神取决于他所处的环境和从事企业管理活动中面临的不确定性[1]。企业家冒险精神是指企业家在多大程度上愿意冒多大的风险，并具有多大的倾向。具有较高风险偏好的企业家，更愿意为潜在的利益和机会投资。冒险型企业家在企业战略选择中具有较高的风险偏好，这也将影响到企业的战略选择和决策[2]。对于一个企业而言，缺乏冒险意识是非常不利的，在这个高度竞争的时代，许多机遇都是稍纵即逝的，因

① 朱雅琪.荆州市农业企业家的创新精神研究 [D].长江大学,2020.
② 胡源棣.企业家精神、企业动态能力与中小企业创新绩效关系研究 [D].西南大学,2021.

此企业家需要具有敏锐的洞察力和快速的反应能力。企业家在面对市场机会时，因缺乏冒险意识而表现出的反应迟钝，就不能将机会转变为绩效。随着社会经济的快速发展，家庭农场作为一种新型经营模式，受到了越来越多人的关注和青睐。然而农业生产本身就是一项高风险的产业，需要投入大量资金和时间，并且受到市场、自然灾害等因素的影响。

沈仕钦：创办"仕钦家庭农场"的时候，根本没有啥经验可谈，一切都是摸着石头过河，亲戚朋友也觉得风险太大了，也有劝我放弃的，但是我想了一下，人这一辈子，反正也预料不到明天会怎么样，不拼一把谁又知道结果呢？

沈仕钦在面临困难和风险时展现了勇气和决心，冒险创办了家庭农场。在花桥镇其他农户都还处于观望状态之时，在他自身对于创办家庭农场也没有任何经验可言之时，一切都是摸着石头过河的时候，他依然凭借自身的勇气和冒险精神，成立了仕钦家庭农场。花桥镇地理位置优越，土壤状况良好，本来就是大力发展规模型种植的好地方，加上国家政策支持土地流转，使得沈仕钦更加坚定了决心。

四、冒险精神推动了仕钦家庭农场的产业升级和发展

当沈仕钦决定创办家庭农场时，他的决定遭到了亲朋好友的反对，认为搞农业生产风险大，不如外出打工挣钱多。但是他敢于尝试新的经营模式和技术，不断创新和改进。正是沈仕钦的冒险精神，为忠县仕钦家庭农场的发展奠定了坚实的基础。沈仕钦始终秉持着科学化、规模化、市场化的经营理念，他不断引进先进的农业生产技术和设备，提高了生产效率和产品质量。随着经营规模日益扩大，农场进一步改造升级，配套建设加工厂房，购置烘干机、插秧机、收割机等大型农机具，提高了机械化作业水平，节约了种植管理成本，还发展了农业生产社会化服务。从 2014 年起农场开始为当地和周边乡镇的农户提供代耕、代收服务，作业面积累计达 2 万亩。通过开展社会化服务，农场年均增收 20 万元，同时还有效解决了当地农村缺乏劳动力和劳动力成本高的难题。在面对市场竞争和消费者需求变化的压力下，他不惧困难，大胆进行产品创新和品牌建设，打造了一系列具有特色和竞争力的农产品。这些举措不仅提升了家庭农场的竞争力，也为当地农业产业的发展带来了正面的推动。沈仕钦带头在全镇推广两系稻，与传统的三系稻相比较，两系稻的抗病虫性更强，亩产更高，含有的维生素、铁等营养元素更加丰富，清香可口，更加受到消费者的青睐。在农场的示范带动下，花桥镇两系稻规模化种植率达 95%，成为重要的产粮基地。企业家的冒险精神使得沈仕钦先生不断探索新的经营模式和市场机会，以应对挑战和风险。他积极开展农旅融合、农产品加工等多元化经营，使得家庭农场在经济变革和市场需求变化时能够灵活应对，保持良好的发展势头。此外，沈仕钦还注重生态环境保护与农业可持续发展的结合，不断推动农业生产的绿色化、环保化，为家庭农场的可持续发展提供了源源不断的动力。"种养结合"的新模式不仅使得农场提高了经济效益，也减少了化肥农药的使用，保护了农业生产环境。

　　沈仕钦：我们花桥镇一直都是以种植水稻为主，但是大部分农户家都是种的传统的三系稻，通过我反复对比实验，我觉得两系稻相较于三系稻而言，口感更好，香味更足，所以我带头开始种植两系稻，推广两系稻。

　　沈仕钦：通过我个人的亲身经历，我觉得人还是要敢想敢闯，哪怕当下这个环境你觉得困难重重，但是只要坚持下去，我觉得还是会有好结果。

　　总而言之，企业家的冒险精神对于新型家庭农场具有重要的影响。

通过勇敢面对风险，创办家庭农场；通过不断创新和发展，提升家庭农场的竞争力；通过探索多元化经营和绿色发展，实现家庭农场的可持续发展。正是得益于企业家的冒险精神，重庆忠县仕钦家庭农场取得了令人瞩目的成就，也为其他新型家庭农场的发展提供了有益的启示。

6.2.2 企业家职能是加快家庭农场发展的助推器

家庭农场是解决谁来种地的最基本、最关键的主体，而农场主作为经营家庭农场的最主要决策者，其能力和特征直接决定农业发展的可持续性和现代化水平[①]。除了要掌握生产、管理等农业领域的基本知识和技术，农场主还必须对市场供需动态、农产品价格信息、经济效益估算等有足够的认识，以便能够对未来的收益状况作出正确的判断。想要获得更多的利益，就必须充分利用自己的企业家才能，通过整合各种资源、引进先进的技术和经营理念，降低交易成本，扩大利润。在此过程中，农场主能够不断地累积自身的人力资本，并在不断地学习中，增强自身对于新技术的接受和运用能力，最终形成"农场主与家庭农场相互促进"的良性循环。

一、战略规划与战略决策能力为家庭农场发展指明了方向

企业家的战略规划能力是企业家制定合理的策略、策划所必须具有的素质。德鲁克认为战略规划是分析、想象、判断的综合运用的一种分析思维，更多地表现出一种责任感。这不是一个单纯的猜测，而是一个在创业中作出的决定。战略性的决策，就是指现在的决策是否可行，是否长远。因此，战略规划是从事下列各项工作的持续过程：系统地进行当前的企业家承担风险的决策，并尽可能地了解这些决策的未来性；系

---

① 郜亮亮，杜志雄，谭洪业.什么样的农场主在经营中国的家庭农场 [J].农业经济问题,2020 (04):98-110.

统地组织实施这些决策所需要的努力；通过有组织、有系统地反馈，对照着期望来衡量这些决策的结果[①]。家庭农场主的战略规划能力对于家庭农场的发展至关重要。家庭农场主的战略规划能力是指农场主在农业生产中制定合理的目标和规划，以及选择适当的决策和行动方案的能力。首先，家庭农场主的战略规划能力可以帮助他们确定合适的发展方向。在面对日益复杂和竞争激烈的农业市场时，家庭农场主需要通过分析市场需求和农产品价格趋势等因素，确定符合自身条件和优势的发展方向。例如，他们可以选择种植高价值农产品、发展有机农业等特色农业，以差异化的竞争战略提高市场竞争力。其次，战略规划能力可以帮助家庭农场主优化资源配置。资源是家庭农场发展的基础，包括土地、劳动力、资金等方面。通过制订战略规划，家庭农场主可以合理安排资源的利用和配置，提高资源利用效率，降低生产成本。可以通过科学管理土地，合理安排农作物轮种，提高土地的产出效益；通过培训和技术引进，提高劳动力的技术水平，提高生产效率。此外，家庭农场主的战略规划能力还可以帮助他们应对市场风险和变化。农业生产受到许多外部因素的影响，如气候变化、市场需求变化等。战略规划能力可以使他们更加灵活和敏锐地把握市场变化，及时调整生产方向和策略。例如，在气候不稳定的地区，家庭农场主可以制定多元化的种植策略，以降低因气候变化带来的风险。

　　沈仕钦：2013 年中央一号文件提出，鼓励和支持承包土地向专业大户、家庭农场、农民合作社流转。我当即就觉得发展农业的好时机到了，从 2013 年开始到 2020 年，我们以亩均 420 元 / 年的价格流转了周边 1000 余亩土地。

---

① 彼得·德鲁克.管理使命、责任、实务 [M] 北京 : 机械工业出版社 ,2006:125-133.

沈仕钦：如何抓住市场机会，顺应市场变化至关重要。近几年，"绿色食品"的需求量不断上升。所以我们也更加注重食品安全，不断找方法，希望种出安全可口的粮食。"种养结合"模式，可以说是一种创新，一种实验，不过总归来说，结果还是比较好，今后根据情况再不断调整完善。

沈仕钦在创办家庭农场之初规模只有 25 亩，相较于现在其他家庭农场而言，可以说是规模较小。但是沈仕钦可以通过制定明确的目标和计划来确保农场的健康运行和可持续发展，抓住土地流转的时机扩大规模。他正确地分析市场需求、农产品价格和竞争状况，从而作出正确的种植和养殖决策。由于消费者对于绿色食品的需求量越来越大，因此他顺势推出"稻田鱼""种养一体"的方式，既节约了成本也开阔了市场。与此同时他还制定了农业生产的时间表和产品流通计划，以确保供应和销售的顺畅进行。2022 年，为应对罕见严重旱情，沈仕钦立即决定利用稻草覆盖免耕栽培技术，栽种秋洋芋 50 亩，有效地弥补了经济损失。此外，他还根据农场资源和环境特点，制定出合适的农业技术和管理策略，提高了生产效益和农产品质量。沈仕钦的战略规划能力使得家庭农场能够在竞争激烈的市场中获得竞争优势，实现可持续发展。

企业家战略决策能力在企业的发展过程中也是至关重要的。随着我国经济的快速发展，日益加剧的竞争，快速变化的市场环境，都对企业发展提出了更高的要求。企业家需要在快速变化的内外部环境中，作出与自己企业相匹配的调整，力图实现企业的健康发展。企业家必须具备较高的战略决策水平，一个正确的战略，这不仅是对企业负责，更是对企业的每位员工负责。同时，正确的战略决策是对于潜在机会的挖掘与占据，是关于企业命运的抉择。企业家不仅要综合考量各个环节，还要有较强的个人能力。良好的决策不仅可以体现企业家个人的领导艺术，更是企业的无形资产。因而，企业家的战略决策能力是现代领导者的核心能力和竞争力[①]。

认真分析外部条件是战略决策的前提条件。沈仕钦能够深入分析市场环境、竞争对手、消费者需求等因素，以了解目前所处的位置和机会，为未来发展作出准确判断。2006年沈仕钦返乡创业，发现农村有大量劳动力外出，仅留下老人看家护院，导致大量的土地无人耕种而处于闲置状态。并且当时花桥镇和中国的其他农村一样依然坚持着一家一户的小农经营模式。且由于农业产能较低，仅仅依靠农业生产难以有其余丰厚的收入，所以大部分农民选择进城务工或者经商。针对当时"土地荒废、无人种地"的现象，沈仕钦也进行了深刻的研判。从政策上而言，以减轻农民负担为目的，从2005年开始，中央政府就开始了对农业税的全面废止，并逐渐取消了"村提留乡统筹"的收费。此外，还出台了一系列对家庭农场以及其他规模经营主体进行激励的政策。在农业生产的组织形式上，"一家一户"的生产方式因其技术水平低、交易成本高、产品质量低等特点，在市场上的竞争力较弱；而科学化、规模化种田在市场经济的快速竞争中处于优势地位。最后在劳动力结构方面，从数量上看，城市由于其就业岗位多，生活便捷度高等其他原因，吸引了花桥镇大部分人口往城市迁移，劳动力正在不断减少。从农业劳动力素质上看，留在本村继续从事农业生产的人中大部分年龄偏大，老旧的思想未曾转变，农业知识技术的普及程度不够，农业生产劳动力的素质普遍不高。从结构上看，大量青壮年流入城市和非农行业，花桥镇大多剩下老人和儿童。2006年，沈仕钦决定创办家庭农场，进行科学化、机械化种田，正是他对于以上外部环境综合分析得出的结果。

沈仕钦：在农场刚刚建立之时，缺少经验，经营体系和盈利模式都还不成熟，农产品也还没到走向市场的时候，但是我本人却

---

① 李迎.基于企业家心智模式的企业战略决策能力研究 [D].天津大学,2013.

并不后悔当时的决定。如果现在让我选择的话，我仍然会大着胆子干！

沈仕钦：当时政府对于农业发展也是大力支持，出台了不少好政策，加上我对于我们村的观察，发现年轻人大部分还是选择进城打拼，村里种地的基本都是中老年人，仅仅靠双手劳作，难以发家致富。只进行规模化、机械化生产是农业发展的必然道路。

沈仕钦：不管做什么总要有个目标，有个规划。刚开始就觉得离家太远，不好照顾到家中老小，在家务农只要能养家糊口也不错。现在还是想尽自己的努力，做大做强，为农村经济发展贡献一分力量。

明确企业的长期目标和使命是战略决策的应有之义。企业的长期目标和使命能够为科学决策提供明确的指导方向。它们明确了企业的价值观，帮助决策者了解企业的大局，并且可以为决策提供一个框架。它们定义了企业的核心价值观和目标，对于决策者来说，可以根据这些框架来评估决策的可行性和影响，确保决策符合企业的长远发展目标。对于企业的其他员工而言，可以激发员工的热情和创造力，使他们能够提出新的想法和解决方案，推动企业的发展和进步。沈仕钦创办家庭农场之初，仅仅是为了不外出奔波，能够离家近，方便照顾老人和小孩，有固定的收益。然而随着仕钦家庭农场的规模不断扩大，沈仕钦最初的想法也在慢慢转变。作为紧跟时代发展的新型农业经营主体，他逐渐领悟到自己的目标并不仅仅是通过农业生产获得稳定的收入，通过合理规划农作物种植、养殖业、农产品加工等方式来增加农业产值，提高家庭经济状况。他开始关注如何才能提高农产品质量，如何满足消费者对食品安全和健康的需求。沈仕钦提到农产品质量安全水平的高低，直接关系到消费者的生命安全，也将会影响农场的发展，所以仕钦家庭农场必须将质量安全放在第一位。他推行的"玉米生猪""水稻塘鱼"种养一体方案，很好地彰显了仕钦家庭农场品质第一的理念。除此之外，沈仕钦更加关注农业可持续发展，致力于保护土壤、水源和生态系统的健康。他注意到花桥镇以前种植水稻后秸秆的处理方式并不妥当，有不少农户仍然采取焚烧的方式，对于空气状况是极大的破坏。因此沈仕钦利用"秸秆覆田"进行洋芋种植，不仅合理利用秸秆，而且起到了保温作用，遮挡阳光还能避免杂草的生长。不仅减少了化肥农药的使用，更是对土壤和地下水的保护。最后，沈仕钦通过创办家庭农场雇用当地居民参与农业生产，创造了就业机会，增加了居民的收入来源。由此可见，沈仕钦对于自己所创办的家庭农场的目标和规划是逐渐清晰且明朗的，从刚开始注重经济效益，到推动现代化农业发展、承担社会责任，仕钦家庭农场正如沈仕钦所预料的那样，一步步走向更稳更好的发展。这一切成果的背后都离不开沈仕钦靠着长期实践摸索出来的仕钦家庭农场应该树立的长期目标和使命所作出的科学决策。

二、资源整合能力是家庭农场稳步发展的保障

企业家在发展过程中，通过对外部资源的整合和管理，为新型家庭农场提供了更多的资金和资源。企业家的资源整合能力不仅可以帮助企业提高资源的利用率，而且可以助力企业创造新的资源。新型农业经营主体的资源整合能力是指其能够有效地整合和利用土地、资金、劳动力等农业生产要素以实现农业生产的高效、高质量和可持续发展的能力。通过有效的资源整合，新型农业经营主体可以让农产品的生产向规模化、专业化、集约化的方向发展，从而推动农业的可持续发展。

土地是农业生产的基本资源，是农业经营主体进行农业生产的必要条件。农业经营主体需要拥有或租用一定面积的土地来种植作物或饲养家禽，土地的数量、质量、地理位置等因素直接影响到农产品的产量和品质，从而直接影响到农产品的供应和农业经营主体的经济收入情况。

家庭农场主需要根据市场需求和土地条件，整合土地资源。他们可以通过租赁或购买土地来调整农业生产布局，以满足市场需求。沈仕钦创办家庭农场第一年就流转了15亩地从事农业生产、规模化种植水稻、玉米，发展生猪养殖业。2013年，中央一号文件提出：鼓励和支持承包土地向专业大户、家庭农场、农民专业合作社流转。沈仕钦敏锐地意识到，发展农业的好日子到了。在2014—2020年期间农场以亩均420元/年的价格流转了周边1000余亩土地。2022年在中央粮食生产稳产保供精神号召下，他将种植面积扩大到1100亩，成为远近闻名的"种粮大王"。有了充足的土地资源作保障，仕钦家庭农场在此基础上根据当地气候因地制宜发展多样化农产品种植，农场也有了更多的发展可能性。

> 沈仕钦：现在的农村基本上是地多人少，很多土地撂荒严重，无人种地，就算有，也都是小规模，自产自销。所以，这就为我提供了机会，我把大面积无人耕种的土地流转过来，既解决了我们家庭农场土地资源不足的困难，也把荒废的土地重新开垦出来，每年的土地租金也给被流转家庭带去了一份额外的收入。

除了土地资源，农业生产的资金投入也至关重要。家庭农场大多由个人发展而来，资金实力比较弱，且生产环节都需要投入大量的资金，如前期生产资料购置、土地流转、农场基础设施建设、后期经营管理等。资金短缺首先会降低农业生产的投入水平，影响农产品的种植、管理和收获等环节，导致农产品质量下降，农业生产能力下降，直接影响农业经营主体的收入。会使农业经营主体无法进行市场宣传、营销等活动，从而面临更大的市场竞争压力，难以获得更多的市场份额。到最后限制农业经营主体的经营规模，难以引进先进的技术和现代化生产工具，经营效益急剧降低。所以家庭农场要想稳步发展，对于农场主的资金整合能力也有严格要求。根据国家统计年鉴数据得出，国家财政用于农业的支出由 2008 年的 2278.9 亿元增长到 2021 年的 7363.9 亿元，由此可以看出，国家财政对于农业生产的大力支持。2022 年忠县印发《2022 年忠县耕地地力保护和种粮大户补贴工作实施方案》的通知，种粮大户补贴标准为每亩补贴 230 元。仕钦家庭农场作为当地首个家庭农场，耕地面积迄今已 1000 余亩，国家政策的补贴对于农场的发展是一笔不小的资金投入。除了国家补贴之外，沈仕钦发挥亲缘、地缘优势，多方筹集资金。更为重要的是仕钦家庭农场的自我积累，通过多样化的农畜产品种养殖，将所得的资本继续投入生产，用于购买器械、新建厂房，不断扩大规模，不断实现资本在生产经营过程中的边际贡献价值。2014 年，沈仕钦所种植的水稻面积达到 65 亩，收获稻谷 4.2 万公斤，种植玉米 15 亩，产量 0.7 万公斤，实现种粮收入 11.7 万元，除去化肥、农药、机收费用及临时雇用人员的工资后，纯收入 4.5 万元。全年出栏生猪 20 多头，实现纯收入 1.2 万元；养鱼水域面积达 8 亩，纯收入 0.6 万元；社会化服务收入 1.2 万元。2022 年仕钦家庭农场经营规模已经突破 1000 亩，年产稻谷 600 余吨，年产值 150 余万元。

> 沈仕钦：刚开始经营起来确实还是有困难，自己手里也没有很多资金，找亲戚朋友周转了一些。随着农场慢慢步入正轨，资金方面的问题也慢慢得到了解决。政府给我们每年每亩地补贴 230 元，加上我们社会化服务，也在不断积累。

农业劳动力是农业生产的基础。在农业生产中，需要有足够的劳动力来执行各种耕种、种植、养殖、收获等工作。劳动力的数量和质量直接影响着农产品的产量和质量。劳动力的素质水平对农业生产的规模和效率有很大影响。劳动力资源的合理配置是提高农业生产效益和可持续发展的重要举措。家庭农场主需要合理安排和调配不同劳动人员的工作任务和工作时间，确保劳动力资源得到充分利用。他们可以根据农场的生产需求和各劳动人员的技能和特长，合理分配工作任务，提高劳动效率。

> 沈仕钦：发展现代化农业，虽然说对于劳动力数量没有太大要求，但还是需要很多懂技术的人才。我作为带头人还是争取努力提高自己的素质，多去参加培训，多向别人学习。

仕钦家庭农场在发展过程中合理配置劳动力资源，不断提高生产效益。沈仕钦作为家庭农场主主要是拟定家庭农场总体发展目标和计划，负责家庭农场的全面工作。包括制订农业生产计划，农作物的种植、牲畜的饲养等。需要根据市场需求和季节变化，决定农作物的种植时间、品种选择、施肥和灌溉的方式等。同时，还需要负责组织召开家庭农场会议，实施家庭农场的各项规划，及时解决农业生产的有关事宜。其妻子和子女作为家庭农场的成员需要做好日常田间管理和其余后勤工作。整个家庭农场有效地沟通和交流，成员关系良好，团队合作能力高。尽管在平时的生产过程中也会遇到一些困难，但是只要大家齐心协力，总会找到解决的办法。对于劳动力的培训，能够更好地适应农场的工作要求，提高工作效率和质量，也是农场主对于劳动力资源的合理利用的一种体现。2014年沈仕钦虚心学习种粮技术，积极参加县农委和花桥镇组织的农业技术培训，在县农委和花桥镇农业服务中心农技人员的指导下，于2014年8月获得农民技术人员职称证书。

三、学习能力是家庭农场可持续发展的关键因素

企业家在面对新的知识、技能、经验和信息时，必须快速获取和吸收，并运用于实践。这包括企业家能够不断学习和更新自己的专业知识和技能，以适应不断变化的市场和商业环境。此外，企业家还应具备分析和评估信息的能力，以及将所学应用于实际情境中解决问题的能力。

最后企业家要善于对失败和错误进行反思和调整，以便从中吸取经验教训并不断改进。据有关数据显示，中国家庭农场的农场主学历教育水平 50% ～ 60% 为初中及以下，至少 1/3 为高中，10% 左右为大专及以上[①]。由此可见，接近一半的家庭农场主受教育水平不高。除此之外，由于中国农村地区的教育资源相对城市地区较为有限。家庭农场主主要从事农业生产，他们可能更倾向于接受与农业相关的培训和技术培训，但是家庭农场已经不仅仅是一个简单的农业生产机构，家庭农场主在做好本职的农业生产的工作之外，还需要兼顾管理、决策、分工等其他职责。因此，家庭农场主要不断提高学习能力，以适应不断变化的农业环境和市场需求。

家庭农场主的学习能力因人而异，但总体而言，他们学习的途径基本相同。首先是通过实践学习。家庭农场主通过在实际农田中的实践和经验积累来提升自己的农业知识和技能。他们会尝试新的种植方式、管理方法和农业技术，并根据实际效果进行调整和改进。沈仕钦在发展家庭农场的过程中，很多宝贵经验都是通过实践获得的。例如"水稻鱼"的养殖，也不是一开始就顺利进行的，也是借用了之前"玉米种植和生猪养殖"一体化模式的经验，才有了后续"水稻和塘鱼"种养一体成功进行的结果。其次是社区合作学习。家庭农场主通常生活在农村社区中，他们之间会积极合作、相互交流和学习。他们通过分享经验和技术，互相帮助解决问题，并从他人的成功和失败中吸取教训。2021 年花桥镇纳入全县社会化服务组织共 4 家，分别为宝胜村 6 组仕钦家庭农场和东岩村 2 组余洪奎、石鼓村 8 组毛建国、天井村 9 组叶少林 3 个农机专业大户，主要开展了机耕、机收作业服务，总服务面积 5019 亩。2022 年花桥镇有水稻种植大户 6 户，分别为沈仕钦、毛昌凡、陈剑波、

---

① 郜亮亮,杜志雄,谭洪业.什么样的农场主在经营中国的家庭农场 [J].农业经济问题,2020（04）:98-110.

刘弟安、程张飞、赵丽，总计流转土地面积 2903 亩。花桥镇近年来农业稳步发展，各种植大户之间相互学习，取长补短，不断开拓花桥镇农业发展新局面。农业培训和技术支持也是家庭农场主学习的重要途径。家庭农场主积极参加政府、农民专业合作社、农业企业等机构提供的农业培训和技术支持活动。通过参与这些活动，家庭农场主可以学到新的农业知识与技能，提高他们的农业生产能力。2014 年沈仕钦虚心学习种粮技术，并积极参加县农委和花桥镇组织的农业技术培训，于 2014 年 8 月获得农民技术人员职称证书。2022 年 9 月，农业技术人员指导村民使用稻草覆盖栽培技术，开展秋洋芋种植。沈仕钦积极学习相关技术，种植秋洋芋 50 亩，预计增收 15 万元，很好地弥补了当年干旱带来的损失。最后现代科技的发展为家庭农场主提供了更多获取信息和学习的机会。他们可以通过互联网、农业手机应用程序等途径获取农业技术、市场信息和政策动态，从而不断提升自己的农业知识水平。农村互联网和信息技术的发展，使得沈仕钦有更多的途径了解国家政策以及最新的农业相关消息。农闲时间，他经常利用微信公众号或者其他新闻网站查阅相关资料，收集农业生产相关信息。

沈仕钦：现在条件好了，只要有手机随时随地都可以学习，我经常在网上看一些教学视频，遇到水稻种植出现的问题也可以上网寻找帮助。

沈仕钦：我们镇现在发展得越来越好了，出现了好多种植大户，我们经常在一起交流各自的经验，遇到问题也是互帮互助，共同解决。

花桥镇农业技术人员：农业种植全靠以前的自主摸索还是不行，要想产量高、质量好，还是得要一定的技术支持。2022 年，天气干旱，导致水稻减产，镇上和种植大户们商量决定，利用稻草覆盖栽培技术，开展秋洋芋种植，很好地弥补了水稻减产带来的损失。

家庭农场主作为带头人，需要通过不断学习、改进和创新，以适应和应对不断变化的农业市场和需求。家庭农场主需要具备前瞻性学习能力，即能够及时关注和分析农业市场和政策动向，了解新技术、新品种和新模式的发展趋势，以及市场需求的变化，以便及时调整经营策略的能力。2006 年，沈仕钦回到家乡，经过仔细调查，沈仕钦找到了在农村发展的出路：规模化、现代化。从长远看，今后土地要逐步流转集中到少数大户手中，这样才能提高农业生产的质量和效益，从而实现农业增效、农民增收。于是沈仕钦果断放弃了外出务工的想法，一门心思扑在家庭农场的建设上，起初规模较小，但是随着沈仕钦个人的深谋远虑以及这个家庭农场成员的共同努力，现在的仕钦家庭农场经营规模已经突破 1000 亩，年产稻谷 600 余吨，年产值 150 余万元，已然成为当地最大的家庭农场。可以说，正是因为沈仕钦具备了前瞻性学习的能力，及时关注国家大政方针的变化，注意到规模化、机械化发展已经是大势所趋，仕钦家庭农场才得以成功创办。应用性学习能力对于新型农业经营主体而言也是不可或缺的。农场主需要将学到的农业技术、管理经验和市场营销策略等知识灵活运用于农业生产、加工、销售等实际经营环节，以提高经营效益和竞争力。在水稻生产中，沈仕钦采取选用良种、适时早播、培育壮苗、配方施肥、适龄早栽、科学管水、化学除草、适时追肥、病虫综防、全程机械化操作等技术，还经常深入田间调查、了解水稻的生长发育和病虫害发生情况，针对性地施肥、除草和防治病虫，争取水稻的丰收。为了适应规模种植的要求，减轻劳动强度，提高劳动效率，沈仕钦及时了解农用机械信息，经过咨询、分析，他先后购进了合盛牌微耕机 1 台、洋马收割机 1 台、插秧机 1 台、电动喷雾器 2 台、粮食烘干机 1 台以及抽水机、农用车等农业机械,全面实现了机械化操作。除此之外,随着新型农业经营主体的兴起,花桥镇涌现了一批新的家庭农场主和种粮大户,沈仕钦与其他农业经营主体一起交流经验,共同学习和探讨农业技术、管理方法和市场经验,通过合作创新和资源共享,提高学习效果和经营水平。还与其他农业方面的专家、技术人员保持密切的联系,时刻关注最新技术研究成果。创新学习能力能够帮助农业企业家发现新的农业经营机会和创新点,积极探索新的经营模式和业态,以推动农业的创新和发展。仕钦家庭农场从创办之初到经营至今无不体现着沈仕钦个人的创新学习能力,敢于当"第一个吃螃蟹的人",这本就是一种对传统小农户生产模式的创新。在实际的生产过程中,沈仕钦更加注重循环生产和绿色生产,这也是一种生产理念的创新。沈仕钦所购买的农业机械,除了方便自己的家庭农场、减少人力劳动开支外,还利用农机提供社会化服务。从2014年起农场开始为当地和周边乡镇的农户提供代耕、代收服务,作业面积累计达2万亩。通过开展社会化服务,农场年均增收20万元,同时有效解决了当地农村缺乏劳动力和劳动力成本高的难题。与此同时,沈仕钦还承包鱼塘、饲养生猪。他把种植的玉米全部用作饲料养殖生猪,又将猪粪作为粮食生产的有机肥源,达到了循环生产、环保生产的良好效果,逐步走上了现代家庭农场的发展模式。最后,新型农业经营主体必须具备持续学习的意识和习惯,这样才能够保持持续学习的动力和能力,不断学习新的农业知识和技术,时刻关注市场动态和发展趋势,不断提升经营能力和竞争力。尽管仕钦家庭农场现在已经稳步发展,但是农场经营难免会面临各种问题和挑战,如自然灾害、市场波动等。家庭农场主必须时刻警觉,保持持续学习的能力,及时应对危机,采取有效的措施规避风险、减少损失以保障农场的生产和发展。总而言之,家庭农场主需要不断提升自身的专业知识和管理能力,以便适应农业市场的变化,实现农业产业的可持续发展和农民的增收致富。

企业家才能赋能种养殖大户案例分析

第七章

　　本章所采用的案例数据来源包括正式出版的书籍和期刊，中国期刊网收录的各类文章和报道，以及中国政府网、中华人民共和国农业农村部、国家和地方统计局网站公布的全国农村创业创新优秀带头人典型案例和最新发布的数据等。此外，还采用了问卷调查和访谈的方式，搜集了一手资料。

　　本案例基于眉山市东坡区永丰村水稻种植大户王元威的实践，本研究旨在运用构建的"企业家才能赋能新型农业经营主体分析框架"来探究企业家创新精神、冒险精神和经营管理职能对种养殖大户发展的影响。研究结果显示，农场经营者的企业家才能对产业在激烈的农业市场中脱颖而出、实现可持续发展，以及为农业行业的进步和发展做出积极贡献具有关键性作用。经营者的创新精神促使其产业不断发展和改进，冒险精神则使其在风险中保持灵活、积极应对，而有效的经营管理职能则确保其稳健运营并取得成功。这三个因素共同影响着种养殖大户的发展，使其在农业领域中保持竞争优势，实现可持续经营。

7.1　案例介绍

　　永丰村位于四川省眉山市东坡区太和镇，地处成绵乐城际铁路与成乐高速之间，总面积 6.9 平方公里，距离眉山市主城区约 10 公里。作为该市著名的种粮村庄，永丰村位于东坡区现代农业产业园核心区，受惠于岷江中游大型水利工程通济堰，该工程自东汉至今，为村里提供充沛的水源，确保春耕用水充足，创造了有利的粮食生产条件。现在，永丰村成为四川省最初一批推动高标准农田示范建设的区域，其耕地占地 6320 亩，其中的 5760 亩用于种植水稻，占耕地的比例达到 91%。在这些土地中，3100 亩达到了高标准农田的要求，并有 1500 亩实现了大规模的连片种植。这些高质量的农田已经进入全省标准化程度最高的示范区之列，实现了水稻的全程机械化生产，包括耕地、种植、播种和收割，为全省的农业现代化迈出了关键步伐。近些年，永丰村依靠其在水稻产业和科技领域的优越性，努力打造四川省最大的水稻新品种及新技术试点基地，为提高水稻种植的科技含量持续努力。通过引进新的水稻品种和先进的种植技术，永丰村不断探索提高水稻产量和质量的途径，为农业生产注入了新的活力。2022 年，永丰村水稻平均亩产量 1422 斤，水稻总产量达 800 万斤，集体经济收入突破 50 万元，村民人均可支配收入达 29544 元。

永丰村水稻种植大户王元威，男，47 岁，中国共产党党员。三十年前，他在岷江东岸完成初中学业后，接了祖辈和父辈的水田，成了一名普通的农民。2002 年，《中华人民共和国农村土地承包法》的颁布，为王元威提供了发展契机，他开始承包土地种植水稻，并由此从一个普通农民转变成了专业的水稻种植户。2004 年，他决定在永丰村开始承包土地种植粮食。他采用了一种独特的种植模式，上半年全力种植水稻，下半年则转为种植蔬菜和药材。这种粮经复合种植模式在近十年的实践中，得到了政府的高度支持，尤其是土地流转政策的帮助。同时他发起并成功成立了"眉山市一心农机专业合作社"。这个合作社将农业生产与农业机械对外作业服务相结合，有效地带动了 2000 户周边农户的发展。近十年间，通过好的政策和一些现代农业专家的加盟，使得王元威能够将合作社的 3000 多亩土地最终打造成园区内的高标准样板田。其间王元威还参加了园区的"一优两高"比赛，并荣获"水稻冠军"的荣誉。在过去的十几年中，王元威不停地扩大粮食种植区域，同时也在不断提升农作物种植技术，从而实现了其粮食种植效益的稳定增长。起初，王元威承包了仅有 200 亩的土地，而如今，这一数字已扩大至超过

3200亩。同时，他逐渐将种植方式从全人工栽种转变为全面机械化的种植方式。2022年，王元威在承包的3200亩水稻田中丰收喜讯不断，平均每亩产量达到了680公斤，较2021年增加了30公斤的亩均产量。

7.2　企业家才能两个维度与种养殖大户发展

7.2.1　创新精神和冒险精神是种养殖大户成功的策略核心

企业家创新行为的根基在于创新精神，这是一种结合了主观意志与客观能力的特质。特别是在种粮大户这样的领域里，创新精神成为跨越式发展的关键因素，他们倾向于通过创新手段打破现有的竞争环境，而这样的创新并不总是需要巨大的投入和资源，这一点对于种粮大户尤为关键，因为他们是粮食生产的首要责任人。企业的成败最终取决于他们的决策，而在竞争激烈的市场环境下，要想成功，种粮大户必须敢于冒险，勇敢地挑战不确定性，找到最适合自己的道路，这不仅是一种经营思维的转变，更是一种富有冒险精神的先驱行动。综上所述，创新精神对于种粮大户不仅是一种能够帮助他们在市场中取得优势的工具，更是决定他们能否实现盈利的基础因素。这样的精神使他们敢于尝试，敢于探索，从而为企业找到合适的发展方向和战略。

一、创新精神塑造种养殖大户的成功路径

第一，在勇于探索中开启规模化种植。王元威于2002年来到永丰村承包土地，当时该村尚未建立高标准农田，且高铁尚未建成。他回忆道，当时村子里到处都是田地，但条件较为艰苦，农民种田的积极性也不高。因此，王元威抓住机会承包了大量田地，开始尝试进行粮经复合种植。在水稻收割完毕后，王元威开始种植蔬菜和中药材。"从9月份开始,他种植萝卜、西葫芦和药材,而到 12 月底至次年 3 月,则进行青菜的种植。4 月时,正好赶上新一轮水稻的春季种植。"通过稻菜、稻药轮作,不仅高效地利用了土地资源,改善了土壤质量,还提高了收入。王元威提到,目前西葫芦的亩产量为 3000 公斤,而其收购价为每公斤 2.4 元,使得每亩西葫芦的产值达到了 7200 元。算上第一次种植的稻谷,每亩收入 1800 元左右,因此每亩地的收入大约是 9000 元。他打算在今年再扩大 400 多亩地。继续发展"稻菜"轮作种植模式。一开始,王元威只承包了永丰村及周边百十亩土地,随后逐步扩大规模,稳步发展至今已经承包了 3500 亩土地。这种粮经复合种植的方式使得他在同一块土地上获得了更高的产值,提高了农业生产的效率和收益,展现了他在农业领域中的创新精神。这种勇于探索的实践,为永丰村的农业发展带来了积极的影响。

第二,乘政策之风,展创新之势。2002 年,《中华人民共和国农村土地承包法》的颁布为王元威提供了一个从事水稻事业的机会。他深知口粮对于人民的基本需求至关重要,因此决定专心致力于成为一名优秀的稻农。2005 年,随着国家的土地流转政策的颁布,大型粮食生产企业纷纷进行了大规模的土地流转,因此,王元威决定搬迁至位于岷西的永丰村,在那片稻田边定居。他积极与村里的农户进行沟通,租赁承包了土地,开始专心致力于水稻种植。通过精心的耕种管理,他的种植收入较传统农户有了显著的提升。传统农户一亩田的毛收入大约是千元,但如今交给王元威种植后,农户无须再亲自操心,收入却没有减少。这种合作方式对于农户和王元威来说都是"双赢"的好事。在过去的十年中,王元威坚持着稳扎稳打的态度,将专注力投入水稻种植事业中。他所展现的创新精神体现在他敢于接受新的种植模式,并通过土地流转的方式与农户积极沟通合作,在经营过程中不断进行改进和优化。这些努力使得王元威成了永丰村备受瞩目的种稻大户。王元威的成功不仅为他个人带来了丰厚的回报,同时也为当地农民提供了更多就业机会,为乡村提供了可靠的粮食来源。他的种植实践经验和取得的成就，吸引着越来越多的人加入农业产业，进一步推动了当地农业的发展。通过对农业领域的深入理解和不断尝试，王元威结合自身种稻经历成功地发挥了创新能力，他展现了在农业领域中乘着政策之风，勇于探索新的种植模式，以及与农户合作共赢的态度。这些举措不仅提升了他个人的种植业绩，更为当地农业发展注入了新的活力，为农民和乡村经济带来了积极的影响。

第三，转变思维，寻求变革。2013 年 11 月，《中共中央关于全面深化改革若干重大问题的决定》明确提出，要继续把家庭经营看作是农业经营的基础，大力发展家庭经营、集体经营、合作经营、企业经营等多元化的农业经营管理模式。以加快构建新型农业经营体系为目标[①]。同时，在眉山市和东坡区两级政府的支持下，永丰村和周边乡村试点建设现代农业园区。在这样的政策环境下，王元威与当地农户老曾合作，共同创办了"一心"农机合作社，领导成员承包了 5100 余亩的土地。王元威的合作社每年种植水稻并收获谷物 2000 多吨，足够满足四个永丰村人口一年的粮食需求。此外，合作社还拥有两个巨大的金属粮仓，每次可储存 800 吨稻谷。在农业部门的指导下，合作社充分依托园区资源，建立了农业种植示范基地，致力于推动产业发展和产业模式创新。主要种植优质水稻和经济作物（蔬菜、药材），其中大面积种植优质水稻的产值已达到 1800 元 / 亩，亩收入达到 400 元。同时，合作社还种植用于泡菜加工的原料青菜、榨菜和萝卜，全部采取订单农业模式，确保生产与市场需求紧密对接。此外，合作社还适度规模种植一些市场热销品种，如小南瓜、川芎、泽泻等经济作物，使得合作社的经营模式多样化，从而提高了抗风险的能力。合作社在整个生产过程中，严格按照

---

① 习近平. 关于《中共中央关于全面深化改革若干重大问题的决定》的说明 [N]. 人民日报,2013-11-16（001）.

绿色食品标准进行生产，以确保产品的质量和安全。同时，合作社积极致力于打造自己的品牌，进一步提升产品的附加值和市场竞争力。这些努力不仅带动了合作社成员的收入增加，还为周边群众提供了更多就业和合作机会，共享全程机械化生产所带来的福利。由此可见，王元威这种转变思维和积极寻求变革的态度，使得他能够在新的政策环境下迅速行动形成了种粮大户 + 生产合作社这样的多元化、高效率的农业经营模式，与农户合作共同经营大片土地。他成功地将种粮大户的经营从传统模式转变为现代化、高效的种植模式，合作社的建立不仅带动了农村经济的发展，同时也为永丰村及周边地区提供了稳定的粮食供应。

二、创新精神是种养殖大户持续发展的基础动能

在农业生产的领域中，相对于小农户，种粮大户更具有对改进农业技术的迫切需求，他们寻求借助科技的力量，减少农作物生产的总体成本，提高产出和收益。王元威就怎样增加粮食生产这一难题，将重点放在了新品种的培育、栽培技术的改进以及施肥技术的优化上。在新品种的培育和栽培管理方面，永丰村倚重于四川农业大学水稻研究所等科研机构的支持，在此基础上，建立起了四川省规模最大的水稻新品种新技术试验基地。

王元威：丰收的秘诀在于采用新品种和新技术。去年，我们引进了两个新品种，通过试种发现它们具有较好的抗性、高产和优质的米质。考虑到这些优点，今年我们决定在东坡区扩大种植面积，增加了 1500 多亩。

王元威：今年，我再次留出了一部分的稻田，决定试试手气，种了 94 种新出的水稻品种看看。

东坡区农业农村局农业（水产）技术推广中心相关负责人：由

于老品种种植年限较长，容易导致病虫害问题，因此经常进行轮换种植对稻田来说很有益处。

王元威深知新品种与新技术是农业生产的重要因素。为此，他和当地的农业专业人士密切协作，引进了很多新品种，采用了先进的生产和经营方法，不断地培育出高质量的粮食，为村民共同致富奠定了坚实基础。每年，王元威都会在东坡区农业农村局农业（水产）技术推广中心专家的指导下，拿出一小块土地试种新品种，以选出适合当地的优质品种。这些尝试让他在2020年发现了两个优秀的高产水稻新品种：麟两优华占和川种优3607。经过不断的升级和淘汰，筛选出这两个新品种，它们具有高产、抗倒抗病能力强、品质优良等特点，非常适合在东坡区推广种植。通过创新尝试，成功地将这两个新品种的种植面积扩大到了3万多亩，有效地提高了产量和农产品质量。相较于传统老品种，这些新品种具有很多优势，包括抗性强、不易受病虫害侵扰，适合进行轮换种植，有助于保持稻田的健康。王元威持续进行尝试并选择优质新品种的决策，使得永丰村的农业发展更加可持续，为地区农民提供了更多发展机会。这些努力显示了王元威在新品种培育和栽培管理方面的创新精神，为永丰村的农业经济做出了积极的贡献，带动着当地农业的进步和繁荣。通过他的努力，永丰村的农业产业得到了显著提升，为全村农民带来了更多的收益，也为农业发展注入了新的活力。

在栽培和施肥技术方面，在王元威种粮的十几年历程中，始终注重尝试新技术，并与四川省农科院、四川农业大学的专家合作，将新农机和新品种引进田里进行验证。在他的库房中，陈列着各类先进的农业机械，涵盖从最早的简易播种机、育秧播种机，一直到最近推出的最新印刷播种机。随着科技不断进步，他不遗余力地进行不断更新与替换，旨在采纳最先进的技术，从而提升农业生产效率。

王元威：2020年是特殊的一年，我购买了一台全新的印刷播种机，它在我的谷子烘干厂首次投入使用，我心里面欢喜得很。我打开一袋袋谷物种子，倾倒入机器旁的漏斗中。每一颗洒落在打印纸上的种子都引起了我的认真观察，我深知它们的重要性，因为它们将成为新一季水稻的希望。

王元威：我与专家和工人们一同努力，共同完成了接下来的任务。我们将一张张打印出来的谷物铺满田地，每一张长达10余米，准备开始播种。这看似简单，但实际上还是让我们有些紧张。

印刷播种机的应用是他一个典型的创新实践。这款机械节约用种量、提高播种精度，而且操作速度也相对较快。因此，它在降低生产成本、提高水稻产量和品质方面发挥了重要作用。王元威做了一项计算，发现机械的使用极大地节约了人力和财力，相较于每天需求40至50人、每人每天工资100元的传统人工播种方法，采用育秧播种机可以一机完成播种和育苗两项任务，这不仅使人力和时间减半，而且每天在人工费上至少能节省2000元。如今印刷播种机应用将会更加节省劳动力，使得播种更加均衡，培育出的秧苗质量更好，并且可以节省种子、提高产量。由此可见，王元威的创新精神不仅使他的农业生产效率得到了大幅提升，同时也为永丰村的农业发展树立了典范。他的实践充分证明了经营者的创新精神在引进新技术和机械在农业生产中所蕴含的巨大潜力，从而推动了地区农业的现代化和可持续发展。通过持续不断地尝试和创新，王元威的种粮经营获得了显著的成功，成为该地区农业发展的一面旗帜。

三、冒险精神是种养殖大户落实创新的内生动力

制约种粮大户发展的重要因素包括基础设施不完善、生产利润下降、缺乏流动资金以及土地流转不畅等困境。从企业家的冒险精神来

看，当面临经济政策不确定性时，他们会采取积极的态度，通过积极识别投资机会和挖掘潜在商机来追求不确定性背后的收益[①]。

　　王元威：过去，由于道路不畅通，田块面积较小，机器进不去，全靠人力进行农事操作。在收谷子的时候，甚至需要用鸡公车来推，工作非常辛苦。

　　王元威：2002 年我来到永丰村承包了 30 亩田种粮。当时交通不太方便，水源也不太稳定，种田完全依靠人力。水稻一亩能收个 450 公斤，小麦一亩就 250 公斤，人工费都给付出去了，种粮的钱呢，基本上没剩下啥利润。

　　王元威：2016 年那会儿，我种一亩地净赚 406 元，还算过得去。但是到了 2020 年，人工费、农资啥的都涨价了，粮食的收购价还跌了，一亩地赚的钱只剩下 25 元了，简直是辛苦不值一提。更别说淡季的时候，因为没那么多流动的钱，粮食都存不住，只能低价卖了。粮食卖不上价，就是收成再好，我们这些农民也挣不到啥钱。

　　王元威：我家院子里头，停着 20 多台农机呢，这可是我干活儿的本事。还有，我微信里加着 20 多个肥料厂和做大米加工的老板，想啥时候聊聊合作都方便。要说稻谷收完后，我还能直接卖给咱们川内最大的那个加工厂。这都是我干这一行的优势，能让我挣得比别人多些。

---

① 刘志远，王存峰，彭涛等 . 政策不确定性与企业风险承担：机遇预期效应还是损失规避效应 [J]. 南开管理评论,2017,20（06）:15-27.

王元威在开展规模化水稻种植初期面临着不确定性和风险，但这些挑战并没有让他气馁，相反，他看到了机遇和潜力。为了改变现状，他开始尝试引进先进的农业机械和技术。王元威坚持不懈地购置播种机、插秧机、植保无人机等先进设备，并尝试使用新的栽培和施肥技术，试验新的种植模式。尽管资金短缺限制了他的行动，但王元威积极寻求解决方案。他希望能在淡季时储存粮食，以获得更好的销售时机和价格。同时，他不断尝试寻找渠道，提高农业管理水平，以适应市场的变化和挑战。在王元威的指导和管理之下，今年永丰村的土地流转面积有了显著增长，达到了近 240 亩。全村的土地流转率也突破了 95%，成功实现了土地的全面利用，没有任何一块土地被撂荒。截至 2022 年，他流转的土地面积达到 3500 亩，比去年增加了 100 亩。种粮大户展现出无与伦比的冒险精神，同时也成为水稻技术传播的主要推动者。因此，他的专业贡献不仅集中在粮食生产方面，对农业技术的传播、应用和推广也起着积极作用。

王元威：我们合作社目前已经发展了 3000 余亩水稻药材和水稻蔬菜轮作种植，这些作业都已实现了全面的机械化。园区提供的服务非常好，他们为我们搭建了与企业谈判的平台，并且和我们签订了水稻订单种植协议，这样每亩水稻就能带来一二百元的利润。这些都为我们的合作社发展带来了很大的帮助。

王元威的冒险精神不仅让他成为一名种粮大户，还促使他与永丰村本地农户老曾共同创立了"眉山市一心农机专业合作社"，这本身就是一项大胆的冒险。在 2013 年，眉山市和东坡区两级政府试点建设现代农业园区，并希望找到一位有经验、敢于创新的种田人作为园区的合作伙伴。在众多合作社中，王元威因一直在永丰村种稻子，拥有丰富的种植经验和管理技巧，成为园区眼中的理想人选。尽管当时在永丰村和周边村子流转土地的合作社不在少数，但由于技术和管理原因，有一些合作社中途退场。然而，王元威并没有因此退缩，他毫不犹豫地接受了与园区合作的挑战，并且要面对其他合作社的竞争压力。王元威合作社与园区共同拥有一个种好水稻的目标，这个目标让合作社与园区达成一致，形成了紧密的合作关系。他们共同迎接现代农业园区的挑战，展现出敢于冒险和创新的精神。正是王元威的冒险精神和敢于尝试新事物的态度，展现了真正的创新者精神，赢得了政府和园区的认可。他成为"领头羊"，在试点园区中发挥重要作用，为永丰村和周边乡村的农业发展开辟了新的道路。可见创新精神和冒险精神之间具有内在的耦合性，它们共同构成了王元威持续发展的关键要素。

7.2.2　经营管理职能是孕育种养殖大户繁荣的增长因子

一、战略规划能力筑就种养殖大户之路

基于前文的研究，战略规划能力是指新的农业经营主体领导者在其生产管理过程中具有广阔的视野，对未来的情况进行预测，掌握市场动态，从而对人员、机器设备、资金等方面进行战略性的调整，最后实现对新型农业经营主体长期发展的追求。企业家的战略智慧表现在对市场和产品的精准理解以及创新能力，以创新产品迅速占据市场份额。在传统的农户中，一部分具备前瞻规划的农户开始逐渐脱颖而出。他们通过适度扩大规模，逐步整合农业生产流程，最终发展成为专业大户。因此，对于种粮大户而言，能否构建清晰的战略规划且快速打开市场局面是体现其战略规划能力的关键。对于种粮大户来说，战略规划位列首要之务。他们必须明确自身的定位和责任，并在心中描绘一幅清晰的发展图景。此外，具备高效的战略规划能力还有助于农民在制定发展战略、应对措施和方法时更加得心应手。这样，在遇到突发问题时，他们能够迅速作出战略上的调整，从而避免财产损失的进一步扩大。

农场管理方式的不断演进主要受到种粮大户对经济利益内在渴求的推动。然而，这一变化的外在因素也是不可忽视的，其中政府的政策导向等因素在其中起着重要作用。2002 年《中华人民共和国农村土地承包法》规定了农村土地的承包、流转和管理的制度，明确了土地的所有权、使用权、收益权分离的原则，确保农民的土地承包权与土地流转权，以推动土地资源得到更优化的分配和更高效的使用。2017 年 6 月，农业部和财政部共同发布了一项通知，提出要在农业生产发展资金中拨款，以支持如种粮大户、家庭农场、农业生产企业等适度规模的农业经营主体；政府计划通过增加对种粮大户的补助，涵盖贷款、机械、技术等方面的支援，来提高他们抵御各种风险的能力，这一举措旨在不断激发种粮大户的积极性，扩大粮食生产的规模经营，并提高土地规模经营的经济效益[1]。

> 王元威：二十年前，我们村里涌现出许多承包、流转土地的人。我一下子就看到了种水稻的发展前景，因此决定离开岷东老屋的一亩三分地，来到东坡区永丰村开始我的创业之旅。在永丰村，土地流转受限较小，为我创业提供了更多的机会。

> 王元威：在我不断扩大规模的过程中，国家对我们种粮大户的补贴帮助以及与园区的合作，给了我巨大的帮助。这让我深感当初选择成为稻农这条路是正确的。

---

[1] 张宗毅, 杜志雄. 农业生产性服务决策的经济分析——以农机作业服务为例 [J]. 财贸经济,2018,39（04）:146-160.

由此可见，在政策变革的推动下，种粮大户王元威展现了卓越的战略规划能力，迅速把握新的发展机遇。他认真种粮，高效经营，不仅取得个人成功，也为整个永丰村农业产业带来新的活力与希望。王元威的经验充分说明，在快速变化的时代潮流中，准确把握政策脉络并有效运用，是农业产业健康发展的关键所在。他的专注种植态度以及对政策的及时响应，使他在种粮大户中脱颖而出，成为业内的佼佼者。这不仅是个人的成就，也为其他种粮大户树立了典范，促进了永丰村农业产业的良性发展。

王元威：一开始我就了解到园区有种植户正在尝试"稻—菜—药"一年三季的轮作模式。这种模式在稻药、稻菜种植的基础上加入了车前草的种植，我觉得挺值得借鉴的。因此，我立刻开始着手进行这个工作。

王元威：为了让粮食长得更好，挣得更多的钱，我就用了多季轮作的方法，从5月份到9月份，种植水稻；接着从9月份到12月份，转而种植西葫芦；最后，从12月起，开始种植莴笋和豌豆尖。这种"稻—菜—菜""稻—药—麦"三季轮作的粮经复合模式，除去种植成本，一年的收入预计可达二三十万元。通过这样的综合经营方式，我期待着获得更为丰厚的回报。

王元威：要是咱们想在一块地里轮流种稻药和稻菜，那咱就得好好弄明白每种作物的生长特性，再加把劲儿对土壤进行护理。同时，精准分配轮作的时间也是非常重要的。只有这样，我们才能保证轮作模式的顺利运行，从而取得丰收的好成果。

在农业种植领域，王元威展现了深思熟虑的战略规划才能。他强调粮食种植效益需要全面评估，不仅注重单一作物的产量和收益，更要注重从全局视角出发，综合衡量种植结构和经济效益，这种整体性的思维方式有利于实现资源的最佳配置和产出。为了实现这一目标，王元威采用了智慧的三季轮作粮经复合模式，即"稻—菜—菜"和"稻—药—麦"，并善于利用各作物的生长周期和生态特性。这种创新的种植模式提升了经济效益，丰富了产品种类，拓宽了市场覆盖，同时有助于改善土壤结构，减少土壤退化和病虫害发生概率，提高土壤养分的有效利用，从而进一步提升了农业产量和收益。王元威在作物种植时间的安排上也展示了精细的考虑，5月至9月种植水稻，9月至12月转种西葫芦，然后在12月开始种植莴笋和豌豆尖。这充分显示了他对不同作物的生长适应性和产量特性的精准把握，使得种植计划更具合理性和效益，不同季节的作物种植相互补充，使土地资源得到最大化的利用，进一步提升了全年的收入水平。通过采用粮经复合种植模式和精准的轮作计划，王元威清晰地表明他的关注重点在于追求更高的社会收益和经济效益，而非仅仅在于提高产量。总的来说，作为种粮大户，王元威凭借出色的战略规划能力、全局性的思维方式、多季轮作种植模式以及合理的作物种植安排，有效地最优化了土地资源的使用，成功实现了较高的收入目标。

二、战略决策能力引领种养殖大户把握机遇

在不断变化和复杂的内外部环境中，企业家遇到了许多机遇与挑战，他们必须拥有评估和识别机会的能力，以便能够作出有助于企业长期发展的最佳决策。由于这些战略决策面向未来，所以充满着许多不确定性，企业家需要有能力承担这些不确定性带来的风险。企业家战略决策能力的优劣将决定企业未来发展的走向。种粮大户的战略决策能力体现在他们对种植业务的全面理解和综合考虑，以及在复杂的农业环境中作出明智的决策，以实现长期稳健的发展目标。

王元威：2012 年，我已拥有较大的生产规模，但心怀创业梦想，便与村里的一位年轻人曾利合伙，成立了"一心"农机合作社，为周边万亩耕地提供服务。我们共同投资购买现代化农机设备，为农民提供先进便捷的农机服务，提高了生产效率，实现了资源共享。合作社逐渐壮大起来，成为地区农机服务的重要供应商。

王元威：我们园区一直与四川农业大学保持合作关系。我亲自让我的田率先采用了马均传授的稀植壮苗、水肥耦合等关键技术。自从采用这些技术后，种植稻谷的产量增加了 10% 以上。后来，我还带动合作社在拖拉机上加装了北斗导航系统，这让起垄、栽插等作业一气呵成，大大提高了作业效率。这样的合作与技术应用为农业生产带来了新的机遇和提升。

王元威作为一位富有远见的种粮大户，展现了其优秀且多元化的战略决策能力。他不仅在拥有较大生产规模的基础上，怀揣着坚定的志向和无畏的精神，选择与村里年青一代合作，共同成立了"一心"农机合作社，为周边万亩耕地提供服务，也展现了其对人才的独到洞察、长远的战略眼光和对村民的深厚责任感。更为引人注目的是，他积极与四川农业大学联手，以开放的心态和创新的精神，率先在自家田地中尝试新技术，并成功将之推广至合作社，彰显了他对农业技术创新的追求、对战略试点的精准把控，以及对潜在风险的周密考虑。此外，他还不断引入先进的现代化设备，例如北斗导航系统等，大大提高了农业作业效率，充分体现了他在生产过程中对效率提升和成本降低的精明战略。总的来说，王元威作为种粮大户表现出了对新技术的敏锐意识和投资决策能力，善于与他人合作并借助集体力量提高效率，同时也展现了规模经营的战略眼光。他所采取的策略融合了全方位、多层次的视角，既促进了自身事业的蓬勃发展，也成了推动当地农业可持续成长的有力引擎。

  王元威：每年都面临减产或绝收的威胁，必须控制风险。2013年政府推出了蔬菜种植保险，让我成了忠实粉丝。现代化农业和一体化模式让我受益颇丰，还帮助当地200多人增收。但农田里的风险总让我提心吊胆，病虫害和极端气候每年可能导致减产甚至绝收。

  王元威：农民种地被认为是靠天吃饭，尽管种植方面的风险可以通过人为努力去防控，但一旦市场价格波动，我们农民就显得无能为力。因此，每年9月种菜下地后，我便在10月投保，等到第二年2、3月采收，保险公司会来查勘核保。一亩地的种植成本约1500多元，发生意外时，保险可以承担60%的损失，这让我感到安心，让我在种菜的路上走得更稳，也增强了我尝试和学习新的种植方法的信心。作为农民，我们要向前看，不能总是老一套，不进则退嘛！

  作为一位种粮大户，王元威深谙农业生产的风险和机遇。面对包括自然灾害和市场波动在内的挑战，他不仅展现了深思熟虑和敏锐的战略决策能力，更是以实际行动为农业风险管理树立了典范。首先，在自然灾害的威胁下，王元威并未被动等待，而是积极采取措施，通过选择政府推出的蔬菜种植保险，有效缓解了可能的风险。这一明智的决策不仅体现了他的审慎和前瞻性，更加强了他在现代化农业种植和"种、产、销"一体化模式中的信心和决心。其次，王元威的战略眼光还进一步展现在对传统农业模式的超越。他不满足于现状，而是勇敢地尝试现代化农业种植技术，这一战略选择不仅极大地增加了自身的收益，还有助于带动本地劳动力增收，从而彰显了他的创新精神和对社会责任的深刻理解。此外，王元威在面对市场价格波动这一难以人为控制的风险时，他通过保险弥补了传统农民在控制市场风险方面的无能为力，展现了一位现代农民对风险管理的思考，进一步凸显了他全方位的风险管理能力。总的来说，王元威的战略决策能力不仅体现在对现有风险的精准分析和有效应对上，更是深刻地展现了他对新机遇的敏锐洞察和果敢把握。他巧妙地将传统农业智慧和现代化理念相结合，既坚守又敢为，体现了一位卓越农业企业家应有的远见、智慧和勇气。

三、资源整合能力塑造种养殖大户的核心竞争力

企业家的主要角色包括识别和整合公司内的资源，将其组织成最佳的结构以促进企业的持续健康成长，同时确保资产的保值和增值，以及避免危机。因此，优秀带头人的能力体现在将不同的信息、技能和资金等元素集中在一起，并通过明智的管理生成产品和财富。资源整合能力包含了土地、资金、技术、劳动力、市场和管理等方面，它能使农业生产达到高效、高产、高质的目标，是保障农业生产顺利进行和取得成功的关键能力。而将资源整合能力有效地转化为企业效益是企业家资源管理的核心表现，这个过程直接塑造了企业在市场中的竞争地位。有效的资源利用不仅展示了企业家的整合才能，还决定了企业的市场竞争力。

具体对于种粮大户而言，首先，资源整合能力使种粮大户能够最大限度地调动和整合各类资源，比如，通过与农业科研机构合作，获取先进的农业技术；通过与金融机构合作，获得优惠的融资条件；通过与农产品加工企业合作，实现产品的深加工和附加值的提升。种粮大户能够从不同方面获取有利资源，并通过整合形成独特的资源优势，从而在市场上更具竞争力。其次，资源整合能力使得种粮大户能够更好地应对市场风险和不确定性。农业生产受到许多因素的影响，其中包括气候变化、自然灾害以及市场价格的不稳定等，这些都增加了生产过程中的风

险，而资源整合能力可以帮助种粮大户降低这些风险的影响。通过多元化资源整合，种粮大户可以在不同地区和市场开展多样化的生产和销售，减少单一市场波动对企业经营的冲击。同时，资源整合还有助于种粮大户进行风险分担和资源共享，形成共赢局面。例如，种粮大户可以与农民专业合作社合作，共同承担生产风险，分享资源和利润，从而增强企业的抗风险能力。最后，资源整合能力有助于种粮大户实现规模效应、带动农村就业和消费。资源整合能力使得种粮大户可以在种植、养殖和采购等环节实现规模效应，扩大生产规模，降低生产成本，提高经济效益；资源整合能力强大的种粮大户通常规模较大，需要大量的劳动力参与农业生产。因此，种粮大户的发展能够带动农村就业，减少农村劳动力的闲置现象。同时，种粮大户的繁荣也会带动农村消费，促进农村市场的繁荣。

王元威：多年来，我们一直与四川农业大学马均教授团队开展合作，在我们这里试验新品种示范新技术，目前已累计引进试种新品种448个，我们把机械设备与智能技术融合升级，力争在水稻种植培育技术推广上取得更大突破。

王元威：多亏了技术员的指导和政府的援助，这些年我们水稻种得挺好的，收益也不赖。每到农忙季节，我都会请村里的兄弟姐妹们帮忙，一起种植和照料水稻。这样也给大家多挣了些钱，一天就有120元。至少得请人帮忙两个月，有时候忙得很，一下子可能请了50多个乡亲。

王元威：我这些年跟几家厂子搭上了关系，稳稳地合作着。我把青菜卖给咱们本地做泡菜的厂家，中药材又卖给了制药的企业。还有那农业保险，咱们这里推出了不少好的保险模式，让我们种粮的人不再有那些后顾之忧。更好的是，我们东坡区政府在国家的补贴之外，每亩水稻还给咱们再添了200元补贴呢。

由此可见，作为一位杰出的种粮大户，王元威所展现出的卓越资源整合能力，无疑是他在农业生产和管理中成功的关键因素。他的战略眼光不仅局限于单一的资源，而且成功地运用了学术、社区、政策和产业链等多元化资源，从而实现了水稻种植的高效和稳定收益。在学术资源的整合上，王元威与四川农业大学的马均教授团队保持着紧密的合作关系，共同研究和引进了448个新的水稻品种，以及先进的农业生产技术。他还成功地实现了机械设备与最新的智能技术的融合升级，这一创新做法极大地提高了水稻种植的效率，并使他在水稻种植技术推广上取得了显著的突破。在社区人力资源的整合上，他利用农业生产的高峰期，邀请村民参与到水稻的种植和管理中，这一做法不仅提高了农业生产的效率，也使社区居民得到了额外的收入，提升了他们的生活水平。在政策资源方面，王元威充分利用了政府的支持和补贴政策。在技术员的指导和政府的支持下，他的种植收益保持稳定，另外，在落实国家现行补助标准的同时，他还主动向东坡区政府提出了为每亩水稻按200元的标准补助，有效地降低了种植成本。在产业链资源的整合上，王元威与本地泡菜生产厂家、制药企业等建立了长期稳定的合作关系。通过预订单的形式销售农产品，不仅确保了产品的销售渠道，还有助于推动本地相关产业的发展。在风险管理方面，王元威推广了一批成熟的农业保险模式，降低了农业生产的风险，保障了农民的种粮利益。这些全面的策略和举措，都凸显出王元威在资源整合上的超强能力和实践智慧，使他在永丰村一大批种粮户中独占鳌头。

四、研发设计能力是种养殖大户持续发展的智慧驱动

农业一直是国家经济的重要支柱，而种粮大户作为农业生产的主力军，在保障国家粮食安全和农民收入增长方面扮演着至关重要的角色。然而，随着时代的发展和科技的进步，农业生产面临着日益严峻的挑战。为了应对这些挑战并实现持续发展，种粮大户必须拥有强大的研发设计能力，这是智慧驱动其发展的关键所在。如今，"智慧农业"的提倡和设施化农业的飞速扩展，以及农业机械化水平的持续攀升，都给农民提出了更为严峻的挑战，由于机械化种粮和新型农业机械的运用不断促进着产量的增加和优质抗病品种的研发，因此，农民对新产品和新技术的适应能力及其文化程度也随之面临着更大的考验。研发设计能力不仅能为种粮大户带来持续创新和产品优质提升，还支撑了其多元化经营和可持续发展的目标。政府和相关部门应该加强对种粮大户的政策支持，鼓励其加大研发设计投入，提升自身核心竞争力，推动农业现代化，实现乡村振兴战略的目标。同时，种粮大户本身也要不断提高自身的科学素养和研发设计能力，不断适应和引领农业产业发展的潮流，为实现绿色、高效、可持续的现代农业贡献更大的智慧和力量。

王元威：考虑到目前水稻种类的多样性和种植技术的复杂性，我专门设立了一块试验田来进行新品种的培育。这块试验田采用一致的标准和管理方式，以便准确地评估每种新品种的性能。此外，政府提供了土地和资金的支持，并免费提供试验地方，便于我在同一片土地上种植不同的水稻品种。在种植周期结束后，我们会邀请高校专家进行严格的专业评估。

王元威：在我们的农业园区举行了一场名为"一优两高"的竞赛，目的在于评选出既优质又高产高效的作物。当我在比赛中获得了冠军，我深深地体会到了一个道理：仅仅追求高产并非农业的最终目标。从此以后，我决定更加专注于提升粮食种植的技术和提高粮食的品质，希望我种植的粮食真正能做到品质优良、产量高且高效率。

王元威：去年高温干旱，我们依然保持高产。原因之一是经过高标准农田建设，农田灌溉条件得到大大改善，水稻需水和排水都得到满足。此外，我们有近 70 台机械设备，如拖拉机、插秧机、无人机、烘干机等，不仅满足自身需求，还为 10 多万亩土地提供机械作业服务。有了这些设备的帮助，我们能够高效地完成农事工作，实现了丰收。

综上可见，王元威并非只依赖传统的种植技术或者简单地提高产量，而是通过独特的视角和方法，以科学研发的理念对品种优化、技术应用和机械利用等进行深入研究和创新，展现出他强大的研发设计能力。首先，王元威以前瞻性的视野，创设独立试验田，对不同水稻品种进行了深度探索和严谨对比。他充分运用统一规格和管理模式，借助政府的资源优势和高校的专业评测，进行精准而有效的选育。这个全新的尝试不仅打破了传统农业的生产桎梏，提升了水稻种植的科技含量，也从源头上展示了他的研发设计能力。其次，王元威的研发设计能力不仅在于试验田的建设和管理，更在于他对于农业竞赛的全新理解和有效运用。他以"优质、高产、高效"为原则，通过竞赛激发农业生产的热情和技术研发的动力。更重要的是，他从比赛中领悟到，追求单一的高产并不能成为农业发展的终点，相反，粮食的优质和种植技术的提升才是农业持续发展的关键。这种深刻的认识引领他在农业研发设计的道路上更加坚定。最后，王元威在实战中将研发设计能力发挥得淋漓尽致。他不仅通过高标准农田建设改善了农田灌溉条件，保证了水稻对水的需求和排放的满足，而且，他大胆应用拖拉机、插秧机、无人机、烘干机等现代化农业设备，以其强大的功能改善了农业生产的稳定性和效率。同时，他将机械化的手段扩展到了对外的服务中，不仅提供了全方位的农业解决方案，也进一步推动了周边地区的农业现代化。总的来说，王元威以其独特的思维和实践，打破了传统农业的局限，展示了一位种粮大户的研发设计才华。无论是在品种优化、技术研发，还是机械利用等方面，他都走在了农业发展的前沿，为永丰村农业生产的现代化和高效化树立了新的标杆。

企业家才能赋能新型农业经营主体研究：数据检验

　　本章在前章企业家才能赋能农民专业合作社、家庭农场、种养殖大户三个案例分析的基础上，通过实地调研，进行数据分析，尝试厘清企业家才能对于新型农业经营主体发展的影响。前面章节通过对企业家才能相关理论分析，总结出农业企业家才能的素质指标、能力指标和绩效指标，希望能为后续相关研究提供有效参考。首先，在创新理论、风险与不确定性理论以及人力资本理论的基础上，构建了农业企业家才能能力指标体系，包括企业家创新冒险精神和经营管理职能；其次，采用描述性统计分析与有序回归分析，考察了新型农业经营主体的素质指标、能力指标和绩效指标；最后，对本次收集的数据进行检验，运用有序分类 logistic 回归分析，考察了新型农业经营主体的素质特征和才能特征，取得了什么样的收益，验证了创新冒险精神和企业经营管理职能对新型农业经营主体绩效呈现正向的影响。在下一个阶段，应当优化对新型农业经营主体的政策支持保障，鼓励外出务工人员返乡创业；完善新型农业经营主体企业才能的培训机制，培养具有更高企业才能的新型农业经营主体人才队伍；完善农业保险制度和风险防范机制，解决各类经营主体的后顾之忧。培育具有更高企业家才能的新型农业经营主体，引领农业适度规模经营，增强农业农村发展新动能，为实现农业现代化踔厉奋发、勇毅前行。

8.1 数据检验前的准备工作

8.1.1 变量的选取

自变量。当前国内研究对于企业家才能指标的解释还没有统一的看法，本书参考并结合前文的国内外研究综述，将企业家才能指标归纳为素质指标、能力指标和绩效指标，结合本书的案例分析，将年龄、性别、文化程度、户口性质、专业背景和工作经历等归为企业家素质指标，将创新冒险精神和企业经营管理职能两个维度归为企业家能力指标，将企业经营领域和企业经营状况两个维度归为企业经营绩效指标。其中素质指标中含 6 个变量，能力指标中含有 9 个变量，并采用量表的方式进行研究。

因变量。数据检验的目的除了解释数据具有真实性和合理性外，更重要的在于解释说明企业家才能对于新型农业经营发展状况的影响。本书数据分析选择的因变量为绩效指标中的年亩均利润。

8.1.2 数据分析方法

描述性统计分析。本书采用 SPSSAU 对问卷数据进行统计分析，描述统计包括因变量和自变量在内的全部问卷数据，即新型农业经营主体的基本信息（性别、年龄、文化程度、户口性质、是否学习过专业知识和曾经从事的职业）、新型农业经营主体才能量表（创新冒险精神、经营管理职能）以及新型农业经营主体的企业经营领域与经营状况。

有序回归分析。本文采用 SPSSAU 对问卷数据进行有序 Logistic 回归分析，分析新型农业经营主体的创新冒险精神与经营管理职能对农业企业经营状况的影响。探讨新型农业经营主体素质指标对因变量年亩均利润的影响和新型农业经营主体才能量表对年亩均利润的影响。

8.2　数据来源与量表检验

8.2.1　数据来源

本文所选取的数据来源于四川省南充市，在 2023 年 9 月通过实地调研、走访，共计 107 份有效问卷。

南充市位于四川盆地东北部、嘉陵江中游，地处川渝交通要冲，是成渝经济区北部中心城市、川东北区域中心城市和国家重要的交通次枢纽。南充市地形由北到南依次递减，平均海拔 256 ～ 889 米，可划分为两个主要的地形区域：北部低山区和南部丘陵区，地貌类型以丘陵为主。属于中亚热带湿润季风气候区，四季分明，雨热同季；总人口728.25 万，幅员面积 1.25 万平方公里，是国家重要的商品粮和农副产品生产基地，素有"水果之乡""丝绸之都"的美誉。南充市拥有比较成熟的经济环境，创业氛围良好，农业、工业、制造业等产业协调发展，新型农业经营主体取得了显著发展。截至 2022 年年底，南充市新型农业经营主体 3 万余个，数量排全省前列。其中，农民专业合作社 9457个，国家级、省级、市级示范社分别有 40 个、202 个、840 个；家庭农场 1.5 万家，省级、市级、县级示范农场分别为 259 个、771 个、1634个，2021 年，全市各类新型农业经营主体累计流转土地面积 239 万亩，农民专业合作社实现经营收入 30.7 亿元，家庭农场经营土地面积 107.7万亩，销售农产品价值 52.5 亿元。

选择四川省南充市作为本研究的样本，主要有以下几个原因：第一，南充市为四川省的人口大市，但是务农人口呈现下降的趋势，未来谁来种地的问题比较突出。在全市人口中，城镇常住人口超过281万，占总人口的50.22%，乡村人口超过279万，占总人口的49.78%。与2010年的第六次人口普查比较，城镇人口增加了561260人，乡村人口减少1232317人，城镇人口所占的比例提高了14.31个百分点。第二，近年来南充市采取了许多有益措施推动新型农业的发展，使得新型农业经营主体蓬勃发展。通过研究破解单个农业经营主体技术、信息、智力支持等不足的难题。建立培训和帮扶机制，对粮油、生猪、柑橘、牛羊、蔬菜等产业经营主体开展结对帮扶。建立"产业科技创新联盟"等农业科技创新平台，支持农业创客、返乡大学生创新创业，建立院士（专家）工作站2处、专家大院24个、校地合作单位8个；组建1100人的辅导员队伍和122个专家服务团队，为农业经营主体培养复合型人才。积极推动"农业龙头企业＋农民合作社＋家庭农场"融合发展，创新利益联结模式，形成互助共进机制。另外，灵活精准运用政策工具，一方面出台财政奖补政策等配套措施，设立乡村振兴产业发展投资引导基金和农业产业投资引导基金；另一方面优先为农业经营主体安排高标准农田、产业道路、农田水利、畜禽粪污资源化利用等涉农项目，改善基础设施条件，对所有涉农税费一律执行最低标准，新推出地方优势特色农产品保险22个，适当提高保障额度，支持新型农业经营主体发展，由此为本研究提供了高质量的研究样本。第三，南充市地处四川盆地东北部，其发展程度在四川省属中游，是四川省较有代表意义的地区之一，因此，南充市样本在四川省有较强的代表性。

本研究在2023年9月份对四川省南充市开展实地调研，以更好更准确地分析企业家才能对新型农业经营主体的影响。在样本筛选方面，采取了随机抽样方法，从农户中选出115家具有较好稳定性的新型农业经营主体，要求农业生产经营稳定，原则上从事本行业至少3年。在调查内容上，问卷涵盖了关于新型农业经营主体基本信息、能力指标和绩效指标。实地调研共发放问卷115份，共回收有效问卷107份，调查样本分布在南充市嘉陵区、顺庆区、蓬安县、南部县、仪陇县、营山县等 6 个县（区），包括农民专业合作社 32 个，占比 29.91%，家庭农场 32 个，占比 29.91%，种养殖大户 43 个，占比 40.18%。

8.2.2　量表的信效度检验

利用 SPSSAU 软件对调查数据的信效度进行了测试，以验证所搜集资料的真实性和有效性。具体内容如表 8-1 所示：

表8-1　问卷调查量表

潜变量	维度	题项编号	测量变量
素质指标	性别	QI1	性别
	年龄	QI2	年龄
	文化程度	QI3	文化程度
	户口性质	QI4	户口性质
	是否学习过专业知识（含专业培训）	QI5	是否学习过专业知识（含专业培训）
	曾经从事的职业	QI6	曾经从事的职业
能力指标	创新冒险精神	AI1	能否学习运用新技术
		AI2	能否主动开拓新的市场
		AI3	能否运用新的方法
		AI4	能否采用新的原料
		AI5	是否敢于承担风险
	经营管理职能	AI6	是否能制订战略计划
		AI7	能否进行战略决策
		AI8	能否进行资源整合
		AI9	能否进行学习、研发

潜变量	维度	题项编号	测量变量
绩效指标	经营领域	PI1	经营领域
	经营状况	PI2	经营土地面积（亩）
		PI3	企业经营年限
		PI4	企业注册资本（万元）
		PI5	年均资本投入（万元）
		PI6	年总销售收入（万元）
		PI7	企业年均净利润（万元）
		PI8	年亩均净利润（元）

第一，信度分析。信度分析主要是对定量数据，特别是对态度量表答案的可信性与准确度的研究。本次调研数据信度系数值为0.849，大于0.8，因此证明本次研究数据信度质量较高，可用于进一步分析（表8-2、表8-3）。

表8-2　Cronbach信度分析

名称	校正项总计相关性（CITC）	项已删除的α系数	Cronbach α系数
QI1	0.164	0.852	0.849
QI2	−0.432	0.884	
QI3	0.766	0.827	
QI4	0.621	0.839	
QI5	0.885	0.817	
QI6	0.774	0.870	
AI1	0.785	0.828	
AI2	0.826	0.827	
AI3	0.464	0.842	
AI4	0.354	0.846	
AI5	0.540	0.840	
AI6	0.790	0.829	
AI7	0.759	0.828	
AI8	0.641	0.835	
AI9	0.750	0.829	
标准化Cronbach α系数：0.895			

表8-3 信度分析结果

项数	样本量	Cronbach α 系数
15	107	0.849

第二，效度分析。效度研究用于分析研究项是否合理、有意义。效度分析采用因子分析的方式来研究，通过 KMO 值、共同度、方差解释率值，因子载荷系数值等指标进行全面的分析，以此来检验资料的有效性程度。KMO 值用来判定信息提取的适宜性，共同度值用以剔除不合理的研究项，方差解释率值用以表示信息提取水平，因子载荷系数用于衡量因子和题项对应关系。使用 KMO 和 Bartlett 检验进行效度验证，从下表可以看出：KMO 值为 0.924，KMO 值大于 0.8，研究数据非常适合提取信息，从侧面反映出本次问卷数据效度很好（表 8-4、表 8-5）。

表8-4 效度分析结果

名称	因子载荷系数		共同度（公因子方差）
	因子1	因子2	
QI1	0.395	−0.551	0.459
QI2	−0.291	−0.533	0.369
QI3	0.796	0.234	0.689
QI4	0.687	0.016	0.472
QI5	0.882	0.240	0.835
QI6	0.873	0.057	0.765
AI1	0.754	0.365	0.701
AI2	0.820	0.296	0.760
AI3	0.324	0.683	0.571
AI4	0.175	0.750	0.594
AI5	0.583	0.154	0.363
AI6	0.814	0.140	0.682
AI7	0.746	0.365	0.690

续表

名称	因子载荷系数		共同度（公因子方差）
	因子1	因子2	
AI8	0.563	0.583	0.658
AI9	0.724	0.366	0.658
PI8	0.855	0.268	0.803
特征根值（旋转前）	8.519	1.551	–
方差解释率%（旋转前）	53.242%	9.694%	–
累积方差解释率%（旋转前）	53.242%	62.935%	–
特征根值（旋转后）	7.393	2.677	–
方差解释率%（旋转后）	46.203%	16.732%	–
累积方差解释率%（旋转后）	46.203%	62.935%	–
KMO值	0.924		–
巴特球形值	1211.887		–
df	120		–
p值	0.000		–

表8-5　KMO 和 Bartlett 的检验

KMO值		0.924
Bartlett 球形度检验	近似卡方	1211.887
	df	120
	p 值	0.000

8.3　描述性统计分析

农民专业合作社经营者、家庭农场经营者、种养殖大户经营者等新型农业经营主体既是企业的管理者，也是企业的所有者，其才能特征对其发展有着重要的影响。

8.3.1　新型农业经营主体基本信息描述

新型农业经营主体基本信息包括性别、年龄、文化程度、户口性质、是否学习过专业知识（含专业培训）和曾经从事的职业等。

性别：在新型农业经营主体中，男性占据主要位置，呈现男性化的趋势，女性在农业生产经营中发挥了越来越重要的作用。在本次调研的全部样本数据中，法人代表为男性共计74位，约占总样本的7成，女性共有33位，约占3成。据全国第三次农业普查数据显示，全国农业生产经营人员性别构成中，男性占比52.5%，女性占比47.5%，性别分布较为均衡，这与本次研究数据有一定出入。主要原因是：其一，在农业经营主体中，男性占有很大的比重，这与中国传统的"男主外女主内"的观念是分不开的。在这次的调查中，有60%左右的家庭农场和种养殖大户采用了夫妻联合经营的方式。只是男性为经营管理过程的主要责任人，由男性担任法人代表，就像以前户籍上的大多数户主都是男性一样，都是受到了传统思想的影响。男性占比最大的经营主体类型为家庭农场，这还与全国广大农村地区男性作为家庭主要劳动力的现实相符。在传统意义上，与女性相比，男性在整个家庭中承担了更为重要的责任，因此在农业经营中男性居多；其二，法人代表男性居多，这与男性更具有创业精神是息息相关的。相比于女性而言，男性的事业心更重以及更想要获得成功，所以他们更具有创新精神和冒险精神。如果撇去这些影响因素，新型农业经营主体的性别比例应该持平。

年龄：呈现出年轻化的趋势，越来越多的中青年人成为农业经营发展的主力军。在所有的研究对象中，35周岁及以下有6人，约占6%，36至60周岁占比超过7成，61周岁以上有20人，约有2成。调查对象的年龄结构比较合理，以中、青年人为主，青年人是促进新型农业发展的主要力量。与我国农业从业人员的年龄构成比较，抽样的年龄结构显示出年轻化的倾向。在国家持续大力扶持农村农业发展的同时，城乡差距逐渐缩小，农村基础设施建设不断完善，农业经营效益得到提高，许多的年轻人愿意到农村地区创办企业。加之高等教育进入普及化阶段，很多农村出身的大学生毕业后，选择回到家乡，为家乡发展添砖加瓦。在本次调查中，专业化程度较高的农民专业合作社中，年轻化趋势最为显著。尽管我国农业人口呈现老龄化的趋势，但随着更多的青年劳动力参与到农业生产中，未来我国"谁来种地"这一问题也将得到解答。

文化程度：呈现出高素质化的趋势。文化程度对农业经营具有促进作用，文化程度越高，农业经营的效益越好。在本次调研的 107 份有效问卷中，全部样本高中（含中职、中专）及以上文化程度约占 5 成，其中本科及以上学历的比例大约为 10%。其一，调查样本中有接近 5 成的新型农业经营主体文化程度为高中（含职高、中专），其中，种养殖大户、家庭农场、农民专业合作社样本文化程度呈现逐渐上升的趋势，结合年亩平均利润来看，该部分的新型农业经营主体所经营企业年亩均净利润普遍高于经营者文化程度为高中（含职高、中专）以下所经营企业的年亩均净利润，说明较好的文化程度对农业经营具有促进作用。其二，在访谈中发现，受过更高教育的农业经营者，他们对自我价值有了更为强烈的实现欲望，他们往往不满足于自己的需求，从而对更高的价值进行了追逐，对各种政策和市场响应程度都较高，不断追求更大的发展。其三，调查样本中有超过 1 成的新型农业经营主体文化程度为本科学历，经访谈发现，其中大多农业经营者都是在城市工作过一段时间后回乡创办企业。南充市受教育程度高的劳动者、企业经营者和大学生等群体的回乡创业者数量不断增加，呈现上升趋势。

户口性质：呈现出乡土化的趋势，根植于农村社会的乡土农民具有经营优势。在调查的全部样本中，户口性质为农业户口的占比 71.96%，非农业户口的占比 28.04%，绝大多数是农民转为新型农业经营主体。其中农民专业合作社、家庭农场、种养殖大户户口性质为农业户口的比例呈上升趋势，农民专业合作社最低，占比 43.75%，远低于家庭农场 81.25%、种养殖大户 86.05%。其一，在农村熟人社会，农村本地人更具有经营优势。中国是一种"乡土性"的社会，农民被"土地"所捆绑，由地方性而来的"熟悉"是其最显著的特点。与城市居民比较，地缘关系和人情关系更强的本地农民对农村的感情更深，能够更好地参与到农村的管理秩序中来。其二，家庭世代从事农业生产的经验，为农民向家庭农场经营者和种养殖大户经验者转化提供了有益条件。农民在家庭经营的基础上，创办家庭农场和扩大生产经营规模，成为种养殖大户，符合人力资本理论。在访谈中发现，大多数创办家庭农场和成为种养殖大户的经营者，家中都有人从事过相关工作，在此基础上，他们拥有更多的经营经验，经营风险程度较低。由此可见，农民成为南充市新型农业经营主体的主要力量。其三，农民专业合作社样本中，农业人口比例最低，城镇人口比例最高。这可能因为，在这些农民专业合作社的抽样中，有些还参与到了深加工、生产性服务、农产品购销服务等方面，并没有只能在自己的集体经济组织成员中进行的限制规定，可以由非农业人口、非本地人口进行创办。加之南充市各级政府鼓励非农业人口下乡创办农业企业，所以农业企业中农业人口的比例较低。

专业背景：呈现专业程度较高的趋势，较高的专业化程度对农业经营效益具有促进作用。在本次调查的全部样本中，学习过专业知识（含专业培训）的超过 6 成，其中，农民专业合作社样本占比最高，全部都学习过专业知识（含专业培训），家庭农场次之，具有专业背景的占比约为 6 成，种养殖大户最低，占比近 4 成。创办农民专业合作社的经营者具有较强的专业背景。究其原因，农民专业合作社中涉及深加工行业，对专业知识的要求较高，但同时企业的经营效益最好。种养殖大户中没有学习过专业知识（含专业培训）占比超过 6 成，可能是当地大多数种养殖大户从事的传统意义上的农业生产，对专业知识的要求不高，种养殖大户的年亩均净利润也比较低。在访谈中发现，有学习过农学、管理学等的企业家，运用新技术、新原料、新方法的能力较强，能够履行企业经营管理职能，提高了新型农业经营主体的核心竞争力。

工作经历：呈现多样化的趋势，社会实践锻炼是积累农业经营经验的重要途径。参加农业生产实习有助于增加农业生产管理的经验。此次问卷的抽样对象中，农民占比最高，接近5成，工人劳动者和自由职业者则占据了3成以上，包括村干部、企业管理人员、自由职业人员、农林牧渔生产人员等在内的多个不同的团体，都是新型农业经营的主要力量。其一，在成为新的经营主体之前，他们的工作经验是多元化的，这表明了不同类型人群都有从事务农的意愿，这也反映了社会对中央及地方各级政府支持农业发展政策的积极回应，"让农业成为有奔头的产业，让农民成为有吸引力的职业"的目标正在逐步实现，全面乡村振兴、全面推进农业农村现代化正在逐步实现。其二，成为农业经营者前的工作经历为创办农业企业积累了经验。在访谈中发现，绝大多数新型农业经营主体认为以前的工作经历为他们积累了创业资源，开阔了眼界，学到了很多关于企业经营管理的方法。其三，成为新型农业经营主体前，职业为农民的占比最高，为47.66%，农民创办家庭农场的占比超过6成，种养殖大户曾经职业为农民的占比近7成，职业为自由职业的创办农民专业合作社比例最高。农民转型成为新型农业经营主体的占比最高可能的原因有，在成为新型农业经营主体前，农民其本身就从事农业生产经营活动，农作物在满足家庭本身需要外，对外销售，出于利润更大化的动机，加上国家政策支持，因此扩大生产经营规模，转型成为家庭农场经营者、种养殖大户的可能性较大。曾经工作为自由职业创办农民专业合作社比例最高可能的原因有，在工作中累积了一定的经营管理经验、组织协调经验，具有经营企业的能力。相对于经营家庭农场和种养殖业，农民专业合作社的规模相对较大，包括了生产、销售、管理等相关行业，对企业家才能的要求较高，曾经从事过相关产业的人员，通过近距离的观察和深入的体验，可以更好地了解运营之道，更容易创办农民专业合作社（表8-6）。

表8-6 新型农业经营主体企业家才能素质指标

名称	选项	频数（全部样本）	全部样本占比（%）	农民专业合作社（%）	家庭农场（%）	种养殖大户（%）
性别	男	74	69.16	59.37	81.25	67.34
	女	33	30.84	40.63	18.75	32.66
年龄	35周岁以下	6	5.61	6.25	6.25	4.65
	36~50周岁	47	43.93	62.50	56.25	20.93
	51~60周岁	34	31.77	31.25	18.75	41.86
	61周岁及以上	20	18.69	0	18.75	32.56
文化程度	初中及以下	59	55.14	9.38	68.75	79.06
	高中（含职高、中专）	35	32.71	65.62	18.75	18.6
	本科	12	11.22	25	9.37	2.34
	硕士及以上	1	0.93	0	3.13	0
户口性质	农业户口	77	71.96	43.75	81.25	86.05
	城镇户口	30	28.04	56.25	18.75	13.95
是否学习过专业知识（含专业培训）	否	40	37.38	0	40.62	62.79
	偶尔	29	27.10	12.5	40.62	27.91
	经常	38	35.52	87.5	18.76	9.3
曾经从事的职业	农民	51	47.67	6.25	62.5	67.44
	村干部	3	2.81	6.25	0	2.32
	应届毕业生	1	0.93	0	3.13	0
	工人劳动者	16	14.95	12.5	15.62	16.28
	农、林、牧、渔生产人员	5	4.67	6.25	6.25	2.32
	企业管理人员	11	10.28	25	6.25	2.32
	自由职业	20	18.69	43.75	6.25	9.32

数据来源：实地调查。

8.3.2 企业家才能量表描述

第一，大部分农业企业家具备一定的创新冒险精神，获得可能盈利的机会。在创新冒险精神方面，大部分农业企业家对 5 个问题都选择"总是能""偶尔能"，其中，农民专业合作社样本比例最高，为 100%，家庭农场和种养殖大户比例相对较低。其一，大部分农业企业家都具有创新冒险精神，都能够发现市场不均衡，学习运用新技术、新原料等，以此获取更多的获利机会，但家庭农场和种养殖大户经营者对风险规避程度较高，对新的技术、原料等运用程度较低，因而在利润方面也落后于农民专业合作社经营者。其二，在市场中所处不同地位对企业家的创新和冒险精神具有显著影响。在整个农业生产产业链中，种养殖大户和家庭农场更多侧重于生产层面，农民专业合作社除了包含生产环节外，还涉及生产性服务、深加工等，投资规模也相对较大。因此对农民专业合作社经营者学习新技术、开拓新市场、运用新方法、采用新原料、承担风险的能力和胆量要求更高。

第二，大部分农业企业家都具有企业经营管理职能，实现企业利润最大化。在企业经营管理才能方面，全部样本对 4 个问题选择"总是能""偶尔能"的合计占比区间为 66.36% ～ 94.39%；全部样本能制订企业发展战略计划的占比为 94.39%，能进行战略决策的占比为 85.98%，能进行资源整合的占比为 66.36%，能进行学习、研发的占比为 83.18%。其中，农民专业合作社企业家占比最高，家庭农场经营者和种养殖大户经营者占比相对较低。其一，大部分农业企业家都能够在企业经营管理中制定企业发展战略，能够综合运用土地、劳动力、资金、管理等生产要素，主动学习新的管理技能，以追求企业利润的最优化。其二，不同类型的农业企业家在经营管理才能方面有所差异。一般来说，种养殖大户和家庭农场大多是以农民个人的名义进行经营，所涉及的企业成员较少，而且更多的是由家庭内部成员组成，在平时的生产经营活动中，很少需要有目的、有计划地组织内部成员进行生产活动，只需要对生产经营活动进行大致规划，规划好本年度"种什么，怎么种，种多少"即可。而农民专业合作社是建立在多数农户的基础之上，农业经营规模较大，所涉猎的环节较复杂，对企业家的经营管理能力和协调组织能力的要求较高。从样本数据分析，农民专业合作社经营者经营管理才能较高，家庭农场经营者和种养殖大户经营者经营管理才能相对较低，说明企业家生产经营管理才能与各新型农业经营主体发展要求相匹配（表8-7）。

表8-7 新型农业经营主体企业家才能指标量表分析

名称		选项	全部样本频数	全部样本（%）	农民专业合作社（%）	家庭农场（%）	种养殖大户（%）
创新冒险精神	能否学习运用新技术	否	11	10.28	0	12.5	16.28
		偶尔能	55	51.40	18.75	65.62	65.12
		总是能	41	38.32	81.25	21.88	18.6
	能否主动开拓新市场	否	10	9.34	0	12.5	13.95
		偶尔能	52	48.60	0	65.62	72.1
		总是能	45	42.06	100	21.88	13.95
	能否运用新的方法	否	23	21.50	0	15.62	41.86
		偶尔能	66	61.68	75	71.88	44.19
		总是能	18	16.82	25	12.5	13.95
	能否采用新的原料	否	20	18.69	3.13	18.75	30.23
		偶尔能	77	71.96	81.25	71.87	65.12
		总是能	10	9.35	15.62	9.38	4.65
	是否敢于承担风险	否	21	19.63	0	25	30.23
		偶尔能	73	68.22	78.13	68.75	60.46
		总是能	13	12.15	21.87	6.25	9.31

名称	选项	全部样本频数	全部样本（%）	农民专业合作社（%）	家庭农场（%）	种养殖大户（%）
经营管理职能						
是否能制订战略计划	否	6	5.61	0	12.5	4.65
	偶尔能	51	47.66	18.75	50	67.44
	总是能	50	46.73	81.25	37.5	27.91
能否进行战略决策	否	15	14.02	0	15.62	23.26
	偶尔能	53	49.53	15.62	75	55.81
	总是能	39	36.45	84.38	9.38	20.93
能否进行资源整合	否	36	33.64	0	34.38	58.17
	偶尔能	63	58.88	90.62	53.12	39.52
	总是能	8	7.48	9.38	12.5	2.31
是否会进行学习、研发	否	18	16.82	0	15.62	30.23
	偶尔能	55	51.40	28.13	62.51	60.46
	总是能	34	31.78	71.87	21.87	9.31

8.3.3 新型农业经营主体企业家才能绩效描述

第一，从经营领域看，各种新型农业经营主体，其经营状态有很大的差别，他们在不同的领域发挥不同的作用，总体来看，呈现出融合发展的趋势。在本次调查的全部样本中，生产领域占比接近 8 成，比例最高，深加工领域占比最少且都为农民专业合作社样本。其中，种养殖大户样本全部都是集中在生产领域，大部分家庭农场也是集中在生产领域，只有一小部分涉及农产品购销领域和生活性服务领域，而农民专业合作社的样本中有 40.62% 的为生产领域，25% 涉及生活性服务领域，只有少数涉及深加工领域、农产品购销领域和生产性服务领域。

第二，从经营状况看，不同类型的经营主体也具有差异性，种养殖大户、家庭农场和农民专业合作社呈现递增趋势。在经营土地方面，本次调查全部样本量平均值为 174.34 亩，农民专业合作社占地面积最广，平均为 364.66 亩，分别比家庭农场和种养殖大户多 277.72 亩、269.83 亩；在企业经营年限方面，样本最小值为 3 年，最大值为 28 年，全部样本平均值为 11.95 年；在年均资本投入方面，样本均值为 60.07 万元，农民专业合作社年均资本投入最高，平均为 161.59 万元，分别是家庭农场和种养殖大户年均资本投入的 5 倍、16 倍；在企业年总销售收入方面，样本均值 390.29 万元，其中，农民专业合作社平均年总销售收入为 1095.64 万元，分别是家庭农场和种养殖大户的 10.86 倍、13.8 倍；在企业年均净利润方面，样本均值为 228.46 万元，农民专业合作社分别是家庭农场和种养殖大户的 12.5 倍、10.93 倍；在年亩均净利润方面，样本均值为 11881.97 元，农民专业合作社净利润最高，平均为 30609.12 元，分别是家庭农场和种养殖大户的 7.27 倍、9.3 倍。在上述指标中，种养殖大户、家庭农场和农民专业合作社样本均呈现出递增趋势（表 8-8，表 8-9）。

表8-8　新型农业经营主体经营领域

名称	选项	全部样本	全部样本百分比（％）	农民专业合作社（％）	家庭农场（％）	种养殖大户（％）
经营领域	生产领域	83	77.57	40.62	84.37	100
	深加工领域	3	2.80	9.38	0	0
	农产品购销领域	5	4.67	9.38	6.25	0
	生产性服务领域	5	4.67	15.62	0	0
	生活性服务领域	11	10.29	25	9.38	0

表8-9　新型农业经营主体

名称		样本量	平均值	农民专业合作社	家庭农场	种养殖大户
经营状况	经营土地面积（亩）	174.34	364.66	86.94	94.83
	经营年限（年）	11.95	8.91	13	13.35
	企业注册资本（万元）	600.34	606.62	0	0
	年均资本投入（万元）	60.07	161.59	32.7925	10.92
	年总销售收入（万元）	390.29	1095.64	101.21	79.39
	年均净利润（万元）	228.46	634.31	50.91	58.01
	年亩均净利润（元）	11881.97	30609.12	4207.61	3292.27

8.3.4 结果讨论

从描述性统计分析可知：

从企业家才能素质指标来看，一是新型农业经营主体企业家具有的整体性特征。企业家性别呈偏男性化趋势，但女性企业家也占有重要位置，其中，男性的比例约为70%，女性约为30%，新型农业经营主体的发展模式仍以家庭经营为主；企业家年龄呈现年轻化的趋势，党的二十大报告将"基本实现农业现代化"作为我国2035年的发展远景目标之一，近几年，随着国家对农业发展的支持力度持续加大，越来越多的青年人愿意从事农业生产经营活动，本次调查中，年龄在36~50周岁占比最高，35周岁及以下年轻人愿意从事农业经营生产；企业家身份呈现本土化的趋势，农业人口占比超过7成，非农业人口近3成，有务农经验的乡土农民具有创业优势；工作经历呈现多样化的趋势，农民、村干部、自由职业、在外务工人员、企业经验管理人员等多类群体拥入农业行业，成为新型农业经营主体的重要力量，丰富的工作经历是积累农业经营经验的重要途径。二是新型农业经营主体企业家较高的文化程度和专业知识掌握程度能促进企业家才能的日益增长，有助于提升企业的经营效益。不论是通过有计划、有组织的专业化学习，还是零散的自我学习都是提升专业技能的重要途径。

从企业家才能指标来看，新型农业经营主体企业家需要具备创新冒险精神和企业经营管理职能，才能更好地促进农业企业发展。一是大多数新型农业经营主体企业家具备了创新冒险精神和企业经营管理职能。在创新冒险精神的才能指标中，选择"总是能"的范围为 9.35% ～ 42.06%，选择"偶尔能"的范围为 48.6% ～ 71.96%；在企业经营管理职能的才能指标中，选择"总是能"的范围为 7.48% ～ 46.73%，选择"偶尔能"的范围为 47.66% ～ 58.88%。二是不同的新型农业经营主体企业家所具备的企业家才能具有差异性。农民专业合作社企业家两个维度的能力指标都高于家庭农场经营者和种养殖大户，农民专业合作社企业家对市场的感知能力和对企业的管理能力要求较高。

从企业家才能绩效指标来看，新型农业经营主体企业家素质指标和能力指标与企业经营绩效具有正相关影响。一是从经营领域看，虽然不同的经营主体都能充分利用自己的优点，在各个领域扮演自己的角色，但是，无论是种养殖大户还是家庭农场，大部分都把重点放在了生产领域，只有农民专业合作社涉及全部领域，总体上看呈现融合发展的态势。二是从经营状况看，表格 8-9 中的 5 项指标经营状况中均显示农民专业合作社最强、家庭农场次之、种养殖大户最弱；在创新冒险精神和企业经营管理职能 2 项能力指标上，农民专业合作社企业家也是最强，家庭农场和种养殖大户相对较弱，说明企业家才能具备情况和企业经营状况是相符合的。

8.4 实证分析

在描述性统计分析的基础上，采用有序分类 Logistic 回归模型，对所得数据进行回归分析，以此更进一步验证企业家才能与新型农业经营主体之间的内在联系。回归分析结果显示，在日常经营中能否主动开拓新的市场、在日常管理中能否进行战略决策会对年亩均净利润产生显著的正向影响关系，新型农业经营主体的年龄与年亩均净利润具有负向影响关系。在日常经营中能否学习运用新技术、在日常经营中能否运用新的方法、在日常经营中能否采用新的原料、在日常经营中是否敢于承担风险、在日常管理中是否能制订战略计划、在日常经营中能否进行资源整合、在日常经营中是否会进行学习、研发并不会对年亩均净利润产生影响关系。

8.4.1 变量选择与含义界定

在本次数据分析中，选择年亩均净利润作为因变量，选择在日常经营中能否学习运用新技术、在日常经营中能否主动开拓新的市场、在日常经营中能否运用新的方法、在日常经营中能否采用新的原料、在日常经营中是否敢于承担风险、在日常管理中是否能制订战略计划、在日常管理中能否进行战略决策、在日常经营中能否进行资源整合、在日常经营中是否会进行学习与研发等 9 项作为自变量，将素质指标中的性别、年龄、文化程度、户口性质、是否学习过专业知识（含专业培训）、曾经从事的职业作为控制变量（见表 8-10）。

表8-10　问卷变量含义界定

变量类型	变量名称	变量含义与赋值
因变量	PI8年亩均净利润	0~1000元=1，1001~3000元=2，3001~5000元=3，5001~7000元=4，7001~10000元=5，10001元及以上=6
自变量	AI1在日常经营中能否学习运用新技术	否=1，偶尔能=2，总是能=3
	AI2在日常经营中能否主动开拓新的市场	否=1，偶尔能=2，总是能=3
	AI3在日常经营中能否运用新的方法	否=1，偶尔能=2，总是能=3
	AI4在日常经营中能否采用新的原料	否=1，偶尔能=2，总是能=3
	AI5在日常经营中是否敢于承担风险	否=1，偶尔能=2，总是能=3
	AI6在日常管理中是否能制订战略计划	否=1，偶尔能=2，总是能=3
	AI7在日常管理中能否进行战略决策	否=1，偶尔能=2，总是能=3
	AI8在日常经营中能否进行资源整合	否=1，偶尔能=2，总是能=3
	AI9在日常经营中是否会进行学习与研发	否=1，偶尔能=2，总是能=3
控制变量	QI1性别	男=1，女=2
	QI2年龄	35周岁以下=1，36~50周岁=2，51~60周岁=3，61周岁及以上=4
	QI3文化程度	初中及以下=1，高中（含职高、中专）=2，本科（含大专）=3，硕士=4
	QI4户口性质	农业户口=1，城镇户口=2
	QI5是否学习过专业知识（含专业培训）	否=1，偶尔=2，经常=3
	QI6曾经从事的职业	农民=1，村干部=2，应届毕业生=3，工人劳动者=4，农、林、牧、渔生产人员=5，企业管理人员=6，自由职业=7

8.4.2 实证结果与分析

8.4.2.1 研究假设

假设 A：假设 A 涉及新型农业经营主体的性别、年龄、文化程度、户口性质、是否学习过专业知识（含专业培训）、曾经从事的职业等，假设性别、年龄、户口性质、曾经从事的职业对经营企业年亩均净利润没有影响，文化程度和是否学习过专业知识（含专业培训）对经营企业年亩均净利润具有正向影响。

假设 B：假设 B 包含对新型农业经营主体 9 个自变量的分析，假设在创新冒险精神和企业经营管理职能包含的 9 个自变量中，至少有 1 个自变量对经营企业年亩均净利润有显著的正相关影响。

8.4.2.2 实证结果

首先对有序 Logistic 回归分析因变量频数分布情况进行说明。

将在日常经营中能否学习运用新技术（AI1），在日常经营中能否主动开拓新的市场（AI2），在日常经营中能否运用新的方法（AI3），在日常经营中能否采用新的原料（AI4），在日常经营中是否敢于承担风险（AI5），在日常管理中是否能制订战略计划（AI6），在日常管理中能否进行战略决策（AI7），在日常经营中能否进行资源整合（AI8），在日常经营中是否会进行学习与研发（AI9）作为自变量，而将年亩均净利润（元）（PI8）作为因变量进行有序 Logistic 回归分析，并且使用 Logit 连接函数进行研究（见表 8-11）。

表8-11 有序Logistic回归分析因变量频数分布

名称	选项	频数	百分比
	1	14	13.09%
	2	44	41.12%
	3	6	5.61%
PI8年亩均净利润（元）	4	5	4.67%
	5	5	4.67%
	6	33	30.84%
	总计	107	100.00%

其次，对回归模型的有效性进行分析，模型似然比检验用于对整体模型有效性进行分析。第一，对 p 值进行分析，如果该值小于0.05，则说明模型有效；反之则说明模型无效。第二，AIC 和 BIC 值用于多次分析时的对比，此两值越低越好；如果多次进行分析，可对比两值的变化情况，综合说明模型构建的优化过程。第三，其余指标为中间计算过程值，基本无意义。

此处模型检验的原定假设为：是否放入自变量在日常经营中能否学习运用新技术（AI1），在日常经营中能否主动开拓新的市场（AI2），在日常经营中能否运用新的方法（AI3），在日常经营中能否采用新的原料（AI4），在日常经营中是否敢于承担风险（AI5），在日常管理中是否能制订战略计划（AI6），在日常管理中能否进行战略决策（AI7），在日常经营中能否进行资源整合（AI8），在日常经营中是否会进行学习与研发（AI9）两种情况时模型质量均一样；分析显示拒绝原假设（chi=117.011，p=0.000<0.05），即说明本次构建模型时，放入的自变量具有有效性，本次模型构建有意义（表8-12）。

表8-12　有序Logistic回归模型似然比检验

模型	−2倍对数似然值	卡方值	df	p	AIC 值	BIC 值
仅截距	308.624					
最终模型	191.613	117.011	9	0.000	219.613	257.032

再者，对数据进行回归分析（未加入控制变量），回归结果见表8-13。

有序 Logistic 回归模型分析的步骤分别为：第一，对模型整体情况进行说明，比如对 R 方值进行描述；第二，逐一分析自变量对于因变量的影响情况，如果自变量对应的 p 值小于 0.05 则说明自变量会对因变量产生影响关系，此时可结合 OR 值进一步分析影响幅度；第三，总结分析结果。

从下表可知，将在日常经营中能否学习运用新技术（AI1），在日常经营中能否主动开拓新的市场（AI2），在日常经营中能否运用新的方法（AI3），在日常经营中能否采用新的原料（AI4），在日常经营中是否敢于承担风险（AI5），在日常管理中是否能制订战略计划（AI6），在日常管理中能否进行战略决策（AI7），在日常经营中能否进行资源整合（AI8），在日常经营中是否会进行学习与研发（AI9）共 9 项为自变量，而将年亩均净利润（元）（PI8）作为因变量进行有序 Logistic 回归模型分析，从下表可以看出，模型伪 R 平方值（McFadden R 方）为 0.379，意味着在日常经营中能否学习运用新技术（AI1），在日常经营中能否主动开拓新的市场（AI2），在日常经营中能否运用新的方法（AI3），在日常经营中能否采用新的原料（AI4），在日常经营中是否敢于承担风险（AI5），在日常管理中是否能制订战略计划（AI6），在日常管理中能否进行战略决策（AI7），在日常经营中能否进行资源整合（AI8），在日常经营中是否会进行学习与研发（AI9）可以解释年亩均净利润（元）（PI8）的 37.9% 变化原因。

表8-13　有序Logistic回归模型分析结果汇总（未加入控制变量）

项	项	回归系数	标准误	z 值	Wald χ^2	p 值	OR值	OR值95% CI
因变量阈值	1	8.075	1.452	5.562	30.934	0.000	0.000	0.000 ~ 0.005
	2	12.605	1.858	6.783	46.011	0.000	0.000	0.000 ~ 0.000
	3	13.275	1.914	6.937	48.119	0.000	0.000	0.000 ~ 0.000
	4	13.773	1.953	7.053	49.743	0.000	0.000	0.000 ~ 0.000
	5	14.289	1.989	7.184	51.616	0.000	0.000	0.000 ~ 0.000
自变量	AI1	0.686	0.545	1.259	1.585	0.208	1.986	0.682 ~ 5.780
	AI2	1.927	0.600	3.213	10.320	0.001	6.871	2.120 ~ 22.270
	AI3	−0.586	0.476	−1.230	1.514	0.219	0.557	0.219 ~ 1.415
	AI4	0.518	0.542	0.955	0.912	0.339	1.678	0.580 ~ 4.855
	AI5	0.870	0.547	1.591	2.531	0.112	2.387	0.817 ~ 6.970
	AI6	−0.252	0.595	−0.424	0.180	0.671	0.777	0.242 ~ 2.492
	AI7	1.499	0.563	2.664	7.097	0.008	4.475	1.486 ~ 13.478
	AI8	0.795	0.575	1.383	1.913	0.167	2.216	0.718 ~ 6.839
	AI9	0.252	0.530	0.474	0.225	0.635	1.286	0.455 ~ 3.638

McFadden R 方：0.379

Cox 和 Snell R 2：0.665

Nagelkerke R 2：0.704

模型公式如下：

$\mathrm{logit}\{P（PI8 \leqslant 1.0）/[1-P（PI8 \leqslant 1.0）]\}=8.075+0.686*AI1+1.927*AI2-0.586*AI3+0.518*AI4+0.870*AI5-0.252*AI6+1.499*AI7+0.795*AI8+0.252*AI9$

$\mathrm{logit}\{P（PI8 \leqslant 2.0）/[1-P（PI8 \leqslant 2.0）]\}=12.605+0.686*AI1+1.927*AI2-0.586*AI3+0.518*AI4+0.870*AI5-0.252*AI6+1.499*AI7+0.795*AI8+0.252*AI9$

logit{P（PI8 ≤ 3.0）/[1−P（PI8 ≤ 3.0）]}=13.275+0.686*AI1+1.927*AI2−0.586*AI3+0.518*AI4+0.870*AI5−0.252*AI6+1.499*AI7+0.795*AI8+0.252*AI9

logit{P（PI8 ≤ 4.0）/[1−P（PI8 ≤ 4.0）]}=13.773+0.686*AI1+1.927*AI2−0.586*AI3+0.518*AI4+0.870*AI5−0.252*AI6+1.499*AI7+0.795*AI8+0.252*AI9

logit{P（PI8 ≤ 5.0）/[1−P（PI8 ≤ 5.0）]}=14.289+0.686*AI1+1.927*AI2−0.586*AI3+0.518*AI4+0.870*AI5−0.252*AI6+1.499*AI7+0.795*AI8+0.252*AI9

放入控制变量后，模型解释力度得到提高，具体见表8−14。将在日常经营中能否学习运用新技术（AI1），在日常经营中能否主动开拓新的市场（AI2），在日常经营中能否运用新的方法（AI3），在日常经营中能否采用新的原料（AI4），在日常经营中是否敢于承担风险（AI5），在日常管理中是否能制订战略计划（AI6），在日常管理中能否进行战略决策（AI7），在日常经营中能否进行资源整合（AI8），在日常经营中是否会进行学习与研发（AI9），性别（QI1），年龄（QI2），文化程度（QI3），户口性质（QI4），是否学习过专业知识（含专业培训）（QI5），曾经从事的职业（QI6）共15项为自变量，而将PI8年亩均净利润（元）作为因变量进行有序Logistic回归模型分析，从下表可以看出，模型伪R平方值（McFadden R方）为0.469，意味着在日常经营中能否学习运用新技术（AI1），在日常经营中能否主动开拓新的市场（AI2），在日常经营中能否运用新的方法（AI3），在日常经营中能否采用新的原料（AI4），在日常经营中是否敢于承担风险（AI5），在日常管理中是否能制订战略计划（AI6），在日常管理中能否进行战略决策（AI7），在日常经营中能否进行资源整合（AI8），在日常经营中是否会进行学习与研发（AI9），性别（QI1），年龄（QI2），文化程度（QI3），户口性质（QI4），是否学习过专业知识（含专业培训）（QI5），曾经从事的职业（QI6）可以解释年亩均净利润（元）（PI8）的 46.9% 变化原因。

模型公式如下：

$$logit\{P（PI8 \leq 1.0）/[1-P（PI8 \leq 1.0）]\}=3.124+0.004*AI1+1.046*AI2-0.852*AI3+0.694*AI4+1.450*AI5-0.425*AI6+1.213*AI7-0.391*AI8-0.304*AI9-0.072*QI1-1.148*QI2+0.568*QI3+0.845*QI4+1.847*QI5+0.073*QI6$$

$$logit\{P（PI8 \leq 2.0）/[1-P（PI8 \leq 2.0）]\}=8.267+0.004*AI1+1.046*AI2-0.852*AI3+0.694*AI4+1.450*AI5-0.425*AI6+1.213*AI7-0.391*AI8-0.304*AI9-0.072*QI1-1.148*QI2+0.568*QI3+0.845*QI4+1.847*QI5+0.073*QI6$$

$$logit\{P（PI8 \leq 3.0）/[1-P（PI8 \leq 3.0）]\}=9.181+0.004*AI1+1.046*AI2-0.852*AI3+0.694*AI4+1.450*AI5-0.425*AI6+1.213*AI7-0.391*AI8-0.304*AI-0.072*QI1-1.148*QI2+0.568*QI3+0.845*QI4+1.847*QI5+0.073*QI6$$

$$logit\{P（PI8 \leq 4.0）/[1-P（PI8 \leq 4.0）]\}=9.878+0.004*AI1+1.046*AI2-0.852*AI3+0.694*AI4+1.450*AI5-0.425*AI6+1.213*AI7-0.391*AI8-0.304*AI9-0.072*QI1-1.148*QI2+0.568*QI3+0.845*QI4+1.847*QI5+0.073*QI6$$

$$logit\{P（PI8 \leq 5.0）/[1-P（PI8 \leq 5.0）]\}=10.614+0.004*AI1+1.046*AI2-0.852*AI3+0.694*AI4+1.450*AI5-0.425*AI6+1.213*AI7-0.391*AI8-0.304*AI9-0.072*QI1-1.148*QI2+0.568*QI3+0.845*QI4+1.847*QI5+0.073*QI6$$

表8-14 有序Logistic回归模型分析结果汇总

项	项	回归系数	标准误	z 值	Wald χ2	p 值	OR值	OR值95% CI
因变量 阈值	1	3.124	2.053	1.522	2.316	0.128	0.044	0.001 ~ 2.458
	2	8.267	2.240	3.690	13.618	0.000	0.000	0.000 ~ 0.021
	3	9.181	2.301	3.991	15.925	0.000	0.000	0.000 ~ 0.009
	4	9.878	2.345	4.211	17.736	0.000	0.000	0.000 ~ 0.005
	5	10.614	2.388	4.444	19.751	0.000	0.000	0.000 ~ 0.003
自变量	AI1	0.004	0.614	0.006	0.000	0.995	1.004	0.301 ~ 3.341
	AI2	1.046	0.681	1.537	2.363	0.124	2.848	0.750 ~ 10.813
	AI3	−0.852	0.514	−1.657	2.747	0.097	0.426	0.156 ~ 1.168
	AI4	0.694	0.609	1.140	1.300	0.254	2.002	0.607 ~ 6.605
	AI5	1.450	0.626	2.318	5.371	0.020	4.264	1.251 ~ 14.539
	AI6	−0.425	0.667	−0.638	0.407	0.524	0.654	0.177 ~ 2.414
	AI7	1.213	0.629	1.928	3.716	0.054	3.365	0.980 ~ 11.554
	AI8	−0.391	0.620	−0.631	0.398	0.528	0.676	0.201 ~ 2.279
	AI9	−0.304	0.653	−0.465	0.216	0.642	0.738	0.205 ~ 2.655
	QI1	−0.072	0.607	−0.119	0.014	0.906	0.931	0.283 ~ 3.055
	QI2	−1.148	0.378	−3.034	9.207	0.002	0.317	0.151 ~ 0.666
	QI3	0.568	0.575	0.988	0.975	0.323	1.765	0.572 ~ 5.446
	QI4	0.845	0.735	1.150	1.323	0.250	2.328	0.552 ~ 9.820
	QI5	1.847	0.678	2.724	7.422	0.006	6.339	1.679 ~ 23.931
	QI6	0.073	0.181	0.402	0.161	0.688	1.076	0.754 ~ 1.535

McFadden R 方：0.469

Cox 和 Snell R 2：0.741

Nagelkerke R 2：0.785

最后，对有序 Logistic 回归模型预测准确率进行分析。通过模型预测准确率去判断模型拟合质量，从下表可知：未加入控制变量前，研究模型的整体预测准确率为69.16%；加入控制变量后，模型预测准确率得到提升，研究模型的整体预测准确率为74.77%，模型拟合情况可以接受（表8-15，表8-16）。

表8-15　有序Logistic回归模型预测准确率（未加入控制变量）

项	实际频数	预测准确频数	预测准确率
1	14	4	28.571%
2	44	37	84.091%
3	6	0	0.000%
4	5	0	0.000%
5	5	0	0.000%
6	33	33	100.000%
总计	107	74	69.159%

表8-16 有序Logistic回归模型预测准确率（加入控制变量）

项	实际频数	预测准确频数	预测准确率
1	14	6	42.857%
2	44	41	93.182%
3	6	0	0.000%
4	5	0	0.000%
5	5	0	0.000%
6	33	33	100.000%
总计	107	80	74.766%

8.4.2.3　实证结果分析

第1，在日常经营中能否学习运用新技术（AI1）与年亩均净利润（PI8）无影响关系。能否学习运用新技术（AI1）的回归系数值为0.686，但是并没有呈现出显著性（$z=1.259$，$p=0.208>0.05$），意味着能否学习运用新技术（AI1）并不会对年亩均净利润（PI8）产生影响关系。

第2，在日常经营中能否主动开拓新的市场（AI2）与年亩均净利润（PI8）呈现显著正相关。能否主动开拓新的市场（AI2）的回归系数值为1.927，并且呈现出0.01水平的显著性（$z=3.213$，$p=0.001<0.01$），意味着能否主动开拓新的市场（AI2）会对PI8年亩均净利润（元）产生显著的正向影响关系。以及优势比（OR值）为6.871，意味着能否主动开拓新的市场（AI2）增加一个单位时，年亩均净利润（PI8）的变化（增加）幅度为6.871倍。

第3，在日常经营中能否运用新的方法（AI3）与年亩均净利润（PI8）无影响关系。能否运用新的方法（AI3）的回归系数值为-0.586，但是并没有呈现出显著性（$z=-1.230$，$p=0.219>0.05$），意味着能否运用新的方法（AI3）并不会对年亩均净利润（PI8）产生影响关系。

第4，在日常经营中能否采用新的原料（AI4）与年亩均净利润（PI8）无影响关系。能否采用新的原料（AI4）的回归系数值为0.518，但是并没有呈现出显著性（$z=0.955$，$p=0.339>0.05$），意味着能否采用新的原料（AI4）并不会对年亩均净利润（PI8）产生影响关系。

第5，在日常经营中是否敢于承担风险（AI5）与年亩均净利润（PI8）无影响关系。是否敢于承担风险（AI5）的回归系数值为0.870，但是并没有呈现出显著性（$z=1.591$，$p=0.112>0.05$），意味着是否敢于承担风险（AI5）并不会对年亩均净利润（PI8）产生影响关系。

第6，在日常管理中是否能制订战略计划（AI6）与年亩均净利润（PI8）无影响关系。是否能制订战略计划（AI6）的回归系数值为-0.252，但是并没有呈现出显著性（$z=-0.424$，$p=0.671>0.05$），意味着是否能制订战略计划（AI6）并不会对年亩均净利润（PI8）产生影响关系。

第7，在日常管理中能否进行战略决策（AI7）与年亩均净利润

（PI8）呈现显著正相关。能否进行战略决策（AI7）的回归系数值为1.499，并且呈现出0.01水平的显著性（z=2.664，p=0.008<0.01），意味着在日常管理中能否进行战略决策（AI7）会对年亩均净利润（PI8）产生显著的正向影响关系。以及优势比（OR值）为4.475，意味着能否进行战略决策（AI7）增加一个单位时，年亩均净利润（PI8）的变化（增加）幅度为4.475倍。

第8，在日常经营中能否进行资源整合（AI8）与年亩均净利润（PI8）无影响关系。能否进行资源整合（AI8）的回归系数值为0.795，但是并没有呈现出显著性（z=1.383，p=0.167>0.05），意味着在日常经营中能否进行资源整合（AI8）并不会对年亩均净利润（PI8）产生影响关系。

第9，在日常经营中是否会进行学习与研发（AI9）与年亩均净利润（PI8）无影响关系。是否会进行学习与研发（AI9）的回归系数值为0.252，但是并没有呈现出显著性（z=0.474，p=0.635>0.05），意味着是否会进行学习、研发（AI9）并不会对年亩均净利润（PI8）产生影响关系。

加入控制变量后，模型的解释力度提高。

第10，性别（QI1）与年亩均净利润（PI8）无影响关系。性别（QI1）的回归系数值为–0.072，但是并没有呈现出显著性（z=–0.119，p=0.906>0.05），意味着性别（QI1）并不会对年亩均净利润（PI8）产生影响关系。

第11，年龄（QI2）与年亩均净利润（PI8）具有负向影响关系。年龄（QI2）的回归系数值为–1.148，并且呈现出0.05水平的显著性（z=–3.034，p=0.002<0.05），意味着年龄（QI2）会对年亩均净利润（PI8）产生显著的负向影响关系。以及优势比（OR值）为0.317，意味着年龄（QI2）增加一个单位时，年亩均净利润（PI8）的变化（减少）幅度为0.317倍。

第 12，文化程度（QI3）与年亩均净利润（PI8）无影响关系。文化程度（QI3）的回归系数值为 0.568，但是并没有呈现出显著性（$z=0.988$，$p=0.323>0.05$），意味着文化程度（QI3）并不会对年亩均净利润（PI8）产生影响关系。

第 13，户口性质（QI4）与年亩均净利润（PI8）无影响关系。户口性质（QI4）的回归系数值为 0.845，但是并没有呈现出显著性（$z=1.150$，$p=0.250>0.05$），意味着户口性质（QI4）并不会对年亩均净利润（PI8）产生影响关系。

第 14，是否学习过专业知识（含专业培训）（QI5）与年亩均净利润（PI8）呈现正向影响关系。是否学习过专业知识（含专业培训）（QI5）的回归系数值为 1.847，并且呈现出 0.01 水平的显著性（$z=2.724$，$p=0.006<0.01$），意味着是否学习过专业知识（含专业培训）（QI5）会对年亩均净利润（PI8）产生显著的正向影响关系。以及优势比（OR 值）为 6.339，意味着是否学习过专业知识（含专业培训）（QI5）增加一个单位时，年亩均净利润（PI8）的变化（增加）幅度为 6.339 倍。

第 15，曾经从事的职业（QI6）与年亩均净利润（PI8）无影响关系。曾经从事的职业（QI6）的回归系数值为 0.073，但是并没有呈现出显著性（$z=0.402$，$p=0.688>0.05$），意味着曾经从事的职业（QI6）并不会对年亩均净利润（PI8）产生影响关系。

实证分析结果表明，企业家的创新冒险精神以及经营管理职能与新型农业经营主体绩效呈现正向的影响关系。其中，在日常经营中能否主动开拓新的市场（AI2）、在日常管理中能否进行战略决策（AI7）会对年亩均净利润（PI8）产生显著的正向影响关系。但是在日常经营中能否学习运用新技术（AI1）、在日常经营中能否运用新的方法（AI3）、在日常经营中能否采用新的原料（AI4）、在日常经营中是否敢于承担风险（AI5）、在日常管理中是否能制订战略计划（AI6）、在日常经营中能否进行资源整合（AI8）、在日常经营中是否会进行学习与研发（AI9）并不会对年亩均净利润（PI8）产生影响关系。控制变量中年龄（QI2）与年亩均净利润（PI8）具有负向影响关系，是否学习过专业知识（含专业培训）（QI5）与年亩均净利润（PI8）呈现正向影响关系。

对假设 A 的证实表明，在性别、年龄、文化程度、户口性质、是否学习过专业知识（含专业培训）、曾经从事的职业中，只有是否学习过专业知识（含专业培训）对经营企业年亩均净利润具有正向影响。

对假设 B 的证实表明，在企业家的创新冒险精神和企业经营管理职能包含的 9 个自变量中，只有在日常经营中能否主动开拓新的市场（AI2）、在日常管理中能否进行战略决策（AI7）会对经营企业年亩均净利润有显著的正相关影响。

8.5　本章小结

党的十八大以来，各地区各部门都在大力培养新型农业经营主体，经过不懈努力，一些以市场为导向，注重提升质量效益和竞争能力的家庭农场、农民专业合作社、种养殖大户等新型经营主体不断涌现。新型农业经营主体取得了较大发展，极大地促进了中国从传统农业到现代农业的转型，也为在新的道路上加速从农业大国迈向农业强国提供了良好的环境，奠定了农业发展的根基。

本研究以新型农业经营主体为研究对象，利用 107 个新型农业经营主体调研数据，对新型农业经营主体才能进行描述性统计、实证分析。在一定程度上回答了各类新型农业经营主体需要具备什么样的才能、取得了怎样的绩效，验证了创新冒险精神和企业经营管理职能对新型农业经营主体绩效呈现显著的正相关关系。

习近平总书记在党的二十大报告中指出，"发展新型农业经营主体和社会化服务，发展农业适度规模经营"①。培育更具有企业家才能的新型农业经营主体企业家队伍，是推动新型农业发展重要的人才支撑。大力发展以家庭承包为基础的新型农业经营主体，是关系到实现国家农业现代化的重要战略。因此，各地区各部门应当全面贯彻落实党的二十大精神，以帮助农民、改善农民、富裕农民为中心，加速培育新型农业经营主体，引导农业适度规模经营，提升农业农村发展的新动能，扎实推进"三农"工作，着力推进农村振兴，踔厉奋发，奋勇向前，朝着农业现代化迈进。针对本次研究地区而言，提出以下建议。

第一，优化对新型农业经营主体的政策支持保障，鼓励外出务工人员返乡创业。面对农村人口空心化和老龄化等问题，需要通过教育政策、待遇政策和公共服务政策配合，实现农村和城市人口的双向流动。该地是一个人口流出大市，如何吸引当地农户从事农业生产经营，是促进当地农业可持续发展的重要问题。完善农业支持保护制度，优化农产品价格支持和生产者补贴政策，完善补贴机制，提高补贴效能，积极支持农民提升生产技能、改善生产设施条件。强化金融保险支持，针对农户需求特点创新金融产品，落实落细农业保险政策，引导金融机构满足农业社会化服务组织的合理融资需求。要让广大农民切实感受到农业是有奔头的产业，吸引更多的有农业创业意愿的青年群体成为新型农业主体经营者。

第二，完善新型农业经营主体企业才能的培训机制，培养具有更高企业才能的新型农业经营主体人才队伍。培育农业现代经营管理和技术人才，能够为各类经营主体发展提供人力资本支持。鼓励有志在农村发展的青壮年投身农业现代化建设，培育一批懂技术、会管理的农业职业经理人。现代农业发展需要掌握农业技术、懂经营管理并且愿意扎根农

---

① 习近平.高举中国特色社会主义伟大旗帜 为全面建设社会主义现代化国家而团结奋斗 [N]. 人民日报,2022-10-26（001）.

村的优秀人才。针对该地企业家才能对农业经营绩效指标的影响作用，对不同类型主体进行分层培训。此外，不仅仅只进行理论培训，还需进行实践锻炼，提升新型农业经营主体的创新冒险精神和企业经营管理职能，提升企业家才能与新型农业发展规模经营的适配度。

第三，完善农业保险制度和风险防范机制，解决各类经营主体的后顾之忧。就本次调查样本的情况来看，该地新型农业经营主体很少具有冒险精神，所以大多农户都是稳扎稳打、按部就班，不敢进行创新型尝试。另外，农业生产面临着较大的自然风险、市场风险和质量安全风险等，往往收益波动较大。在农产品市场逐渐对外开放的背景下，我国农产品市场面临的竞争压力也在不断增加。目前，我国农业保险制度还不够健全，尤其是农业重大灾害保险还不够完善。因此，应加快普及和完善各项农业保险制度，为各类经营主体降低由于自然灾害、市场波动以及质量安全等原因导致的损失，降低经营风险。以鼓励、吸引更多的有农业创业意愿的青年群体成为新型农业主体经营者。

结论和对策　第九章

9.1　讨论与结论

本研究从企业家精神和企业家经营管理职能两个维度界定了企业家才能内涵，构建了"企业家才能赋能新型农业经营主体"分析框架，分别讨论了企业家创新精神、冒险精神以及战略规划能力、战略决策能力等对新型农业经营主体发展的影响。在回溯新型农业经营主体发展基础上，按照上述理论分析框架，运用案例分析法分别分析了企业家才能与农民专业合作社、种养殖大户、家庭农场经营成长的关系。

在案例分析中，对重庆蜀都蔬菜合作社、重庆市忠县仕钦家庭农场、眉山市东坡区永丰村水稻种植大户王元威的实践三个典型案例进行研究，案例研究得出的共同结论是新型农业经营主体负责人越具有企业家才能，新型农业经营主体越具有较高的经营绩效和良好的发展态势。

9.2　政策建议

9.2.1　牢固树立新发展理念

党的二十大报告指出，"完善中国特色现代企业制度，弘扬企业家精神，加快建设世界一流企业"①。全面建设社会主义现代化国家，最艰

---

① 习近平. 高举中国特色社会主义伟大旗帜 为全面建设社会主义现代化国家而团结奋斗 [N]. 人民日报,2022-10-26（001）.

巨最繁重的任务仍然在农村。在以新发展理念为指导推进中国式现代化，振兴乡村进程中更应大力弘扬企业家精神，支持农业企业家成为乡村振兴的"先行者"，培育更多适应规模化经营，具有市场竞争力的新型农业经营主体。

一、充分认识新发展理念是关系我国发展全局的一场深刻变革

新发展理念是应对我国经济发展进入新常态、世界百年未有之大变局形势下的治本之策，是实现我国经济高质量发展的必由之路，反映了我们党对经济发展规律不断深化的认识。习近平总书记强调，民族要复兴，乡村必振兴。从世界百年未有之大变局看，稳住农业基本盘、守好"三农"基础是应变局、开新局的"压舱石"。以新发展理念指引乡村振兴，必须完整准确理解和全面贯彻新发展理念。第一，要坚持创新发展，激发乡村振兴活力。习近平总书记强调，"创新是一个民族进步的灵魂，是一个国家兴旺发达的不竭动力，也是中华民族最深沉的民族禀赋"。坚持创新，就是要坚持理论创新、制度创新、科技创新和文化创新。第二，要坚持协调发展，突破乡村振兴瓶颈。习近平总书记强调，"协调发展，就要找出短板，在补齐短板上多用力，通过补齐短板挖掘发展潜力、增强发展后劲"。坚持协调发展就是要坚持物质文明和精神文明、经济与社会、城市与农村等协调发展。第三，坚持绿色发展，提高乡村生态价值。要倡导绿色生产方式、绿色生活方式，让"绿水青山就是金山银山"的理念走深走实。第四，坚持开放发展，开拓乡村振兴空间。习近平总书记强调，"开放是人类文明进步的重要动力，是世界繁荣发展的必由之路"。乡村振兴同样要打开大门来振兴，不断优化农村营商环境，加强与境外农业园区的合作，以国际视野和包容共赢的理念来推进乡村振兴①。

---

① 包明齐.深入贯彻新发展理念全面推进乡村振兴 [N].光明日报,2023-07-04（06）.

二、增强农业企业家践行新发展理念的社会责任感

在农业现代化进程中，龙头企业理应成为助力乡村振兴的主力军。农业企业家应增强"主导者"意识，主动把自己企业的命运和国家的命运结合起来，提升对党、对国家、对"三农"工作的情怀，把企业做大做强、农民富起来、国家农产品充分供给和具有国际竞争力三个目标结合起来，在引领新型农业经营主体发展中积极转变发展思路、调整产业布局，大力发展现代农业，在加快推进特色农业和三产融合中，完善产业链、打通上下游、做强农业品牌，推动产品增值，产业增效，释放乡村产业的内生动力，持续赋能乡村振兴。

三、激发新型农业经营主体的内在发展动力

新型农业经营主体虽然在性质上属于企业，在整体规模上具有 620 万个，成为农业农村领域的一大群体。但目前我国新型农业经营主体整体上来源于传统农户，理论水平、经营能力、管理能力、创新意识、开拓意识、辐射带动能力等整体上不强，因此在强调树立新发展理念的同时需要激发新型农业经营主体的内在发展动力，各地要出台"组合拳"，按照内强能力，外强素质的整体思路，增强他们的身份认同，调动生产经营的积极性、主动性和创造性，明确新型农业经营主体在中国式现代化和乡村振兴中担负的重要历史使命，通过跨区域、跨农业类别的带头人示范效应，增强服务带动能力，激发新型农业经营主体主动践行新发展理念的内生动力和责任担当。同时加强区域性、行业性联合与合作，共享社会资源，实现优势互补、联合互助、共同发展[①]。

---

① 张天佐. 内强素质外强能力推进新型农业经营主体高质量发展 [J]. 中国农民合作社期刊，2023（4）.

9.2.2 构建良好的农业企业家成长的外部环境

一、建构有利于农业企业家成长的正式制度环境

1. 做好职业技术教育顶层设计

党的二十大报告指出："统筹职业教育、高等教育、继续教育协同创新，推进职普融通、产教融合、科教融汇，优化职业教育类型定位。"这一新部署新要求，是"实施科教兴国战略，强化现代化建设人才支撑"的重大举措，对开拓职业教育、高等教育和继续教育可持续发展的新局面，为我国的社会主义现代化建设提供坚实的人才保障，有着十分重大的导向意义。产教融合共同体的核心在于同行业紧密结合，在职业教育技术领域，要加快构建现代化职业技术教育体系，引导社会各界、行业企业支持职业技术教育，探索具有中国特色的农业企业家培养体系。在职业技术教育过程中，构建双师型培养体系，一是通过在理论课程、实习实训、毕业设计等环节引入行业导师，充分吸收行业导师贯穿于培养过程始终，将行业类知识通过理论讲解和实践培训等方式传授给学生。二是联合行业类导师共同开发行业课程。课程是实施教育的核心载体，行业类课程能覆盖行业类实践技能等知识，通过课程讲授向学生传递相关知识，构建双师型培养体系的课程基础。三是做好职业技术教育学历认证体系。探索建立同高等教育相平行的职业技术教育学历体系，从顶层设计上引导优秀生源进入职业技术教育体系，激励职业技术教育体系学生积极深造。试行普通高校、高职院校、成人高校之间学分转换。四是针对农业技术职业类院校出台定向深造培育计划。在目前已有的农业职业技术院校定向培育制度基础上，进一步设计深造升级专项培育计划。结合地方区域特色和地方乡村振兴产业发展规划打造专业型农业企业家培养计划，重点为乡村振兴培养领军型人才。

2. 畅通继续教育通道

在继续教育领域，建立个人学习账号和学分累积制，作为高等教育和职业技术教育的重要补充。一是做好农科院等农业研究机构和继续教育机构的衔接，通过集中线上培训、学分认领等方式在为农业企业家提供继续深造途径的同时，为他们成长的各个阶段提供及时有效指导。二是利用数字技术，建立为农业企业家成长提供长效知识和技术指导的终身学习平台。平台内容应包括中央关于"三农"问题的最新政策解读，党的重要会议精神宣讲，成功农业企业家优秀案例分享等，并开通互动平台，大家可交流学习心得体会，在平台上互通信息，有效规避信息不对称导致的风险。三是继续深化和面向农业技术类院校推广国家学分银行和资历框架，鼓励农业技术人员和农业企业家养成终身学习的良好习惯。

3. 构建风险分担化解机制

农业的弱质性决定了农业企业家要承担更大的风险，建立和完善风险化解机制对农业企业家风险代理倾向、提高冒险程度、更果敢地进行决策具有重要意义。一是从宏观上来看，要坚持市场化、法治化的经济发展道路，坚持两个毫不动摇，打造清新政商关系，给富有冒险精神的农业企业家干事创业吃下"定心丸"。二是在农业投资中引入债权投资工具。将债权融资和股权融资相结合，使用可转换优先股。三是完善有效的控制权分配。有效的控制权分配，能对企业经理层形成合理的激励与约束机制，从而有助于解决委托—代理问题，消除"道德风险"[1]。应完善农业企业家的报酬结构，实现短期激励和长期激励结合，将基本工资和其他奖励津贴纳入收入结构，通过持股分红激励农业企业家提高风险承担偏好[2]。四是运用契约限制与条款约束。通过运用肯定契约、否定契约、经理层雇用条款和董事、监事会席位条款等手段强化创业投资

---

[1] 付玉秀，张洪石. 不同阶段的创业企业家代理风险及管理机制 [J]. 财经研究，2003（10）：20-25.

[2] 李维安，王辉. 企业家创新精神培育：一个公司治理的视角 [J]. 南开经济研究，2003（2）：56-59.

家对创业企业经理层的监控与约束。建立农业企业家与企业经营绩效挂钩机制，为农业企业家承担风险提供物质激励。五是完善风险跟踪管理和监督机制。引入第三方评估机构对受资农业企业的发展进行比较客观的评价和有效监控。六是建立和完善退出机制。将公开上市、兼并与收购、执行偿付协议、破产清算等四种较为成熟的退出机制运用到农业企业创业过程中。

二、营造有利于农业企业家成长的非正式制度环境

1. 营造鼓励创新的氛围

农业企业家创新行为受到企业家个人人格特质和外在氛围的双重影响。一是在企业内部构建创新竞争机制。通过设立创新项目竞投、创新人物评选等活动遴选出具有创新精神的人才，建立弘扬企业家创新精神的确有"声誉机制"，为他们提供晋升管理岗位的平台。二是引导公众认同农业企业家创新行为。通过创新致富带头人典型案例宣传、创新成果展示等途径引导公众打破墨守成规，认同创新行为。三是做好农业企业家创新精神的传承。在实现中国式现代化进程中，需要继承和发扬改革开放以来首批农村致富带头人的创新精神，企二代在面临国际形势变化带来的国际新课题之际，要更具有创新精神，带领企业完成转型，抓住未来市场竞争的主动权。

2. 建构勇于冒险、敢于冒险的文化氛围

作为正式制度的必要补充，非正式制度能够在一定程度上弥补正式制度刚性的不足。一是企业可通过微信公众号、在官方网站开设专栏等方式积极宣传企业家冒险精神，讲好农业企业家冒险精神故事。二是继续开展创新创业教育。在开展科技下乡，对农民进行专业种养殖技术培训的同时培养开拓精神，应对时代的发展和社会的嬗变。三是培育农业企业家理想主义情怀。农业企业家不应仅着眼于提高收入，而是要培养其社会责任和担当精神，自觉担当起提高社会福祉，推动社会进步的责任。四是营造宽容的社会环境，不能让农业企业家冒险行为失败的经历如影随形。尤其是加强对网络平台的监管，禁止造谣、传谣等不法行为，营造鼓励冒险，宽容失败的社会氛围。

9.2.3　完善农业企业家才能培训体系

培育农业企业家也是一个渐进的学习累积过程，需要政府根据新型农业经营主体和农业企业家成长发展需要，增强在农业企业家培育过程中的战略引导作用，构建符合我国农业发展实际的农业企业家才能培育体系。

一、完善多方合作协同育人机制

第一，农业企业家才能培育过程是理论知识、管理经验、实践技能学习过程，需要建立校政、校企、校校、校科多方合作机制，强化与地方政府、行业单位、涉农企业、重点高校以及科研机构的合作交流，不断拓宽育人渠道。例如在学校实行双师制育人模式，以项目为依托开展农业院校、经管类院校等不同行业院校的跨校合作，通过实习实践发挥涉农企业在农业专业知识学习方面的重要作用。第二，完善从业资质认证体系，构建与农业现代化要求相适应的从业门槛，鼓励农业技术带头人、种养殖大户或具有培养潜力的人群回炉再造，提升学历层次。第三，重点培养在校学生的学农、知农、爱农意识，厚植大学生投身乡村振兴爱农情怀，鼓励大学生返乡创业。

二、构建基于群体差异的精准培训模式

农业企业家才能培育是一个持续过程，并且新型农业经营主体来源广泛，不同地区具有不同的乡村产业特点，因此需要构建针对不同成长阶段、不同类型的精准培训模式。第一，根据各类主体特点和需要打造不同的培训内容，打造时效性强、针对性强的培训课程，全面提升经营者知识、技能和素质能力。对返乡创业大学生则应重点开发提高其管理经验和种养殖知识的培训课程，针对由传统种养殖大户发展而来的农业企业带头人则应提高其理论水平等。第二，为不同发展阶段培养对象制定个性化培养模式。针对初期经营者，坚持实践育人、产业育人，采用理论与实践相结合的方式，打造可观摩、实践的人才培训基地，激发其反思现状，提升认知能力，主动汲取理论知识和所需技术。针对发展型经营者，将培训内容拓展至绿色、高品质农产品的生产经营管理、现代化农业技术操作，并增设风险识别、市场动态决策等专题内容，提升经营者的灵敏性，以及应对风险的心理承受能力。针对精英型带头人，创建"学习共同体"，以线下团体交流活动、线上讨论社区等，有意识地建立社会网络关系，鼓励带头人分享成功经验和发展愿景，在发挥辐射带动效应的同时进一步培育社会责任意识与合作精神[1]。

三、融合数字化技术创新培训模式

数字技术为乡村振兴带来了新的机遇，也为农业企业家才能赋予了更丰富的内涵。要充分利用数字化技术，将其融入农业企业家才能培育模式中，创新培训模式。一是在培训内容上普及农业传感器、3D打印技术、智能仓储机器人等现代化农业作业方式，提高带头人信息化的认知与应用水平。充分利用名校、名家等教育资源，打造适合农业企业家才能培育的微课集。二是在培训模式上，充分利用在线直播、网络云课堂、远程在线视频教学等数字化手段，突破时间和空间限制，打造随时随地可学，终身学习的数字化学习模式。例如通过学生网络社区和卓越兽医成长在线平台，连接"三农"新话语，普及农业新品种、新技术、新模式，建强网络育人场域，借助"微"力量推动线下深入实施"中国好兽医"等实践项目，因势而新，明晰农业农村发展大势，增强培训的时代感[2]。三是利用数字化技术检验培训效果。为提高培训的实效性，不

---

① 戈锦文，孟庆良，魏晓卓.新型农业经营主体企业家才能结构与培育策略[J].经济论坛，2022（5）:145-152.

② 郑义，王明珠，朱其志，李新苗.江苏农牧科技职业学院创新"三协同、四结合、五优化"育人体系[N].中国教育报，2023-3-9（08）.

断改进培训模式，提升培训内容的质量，建立数字化手段的培训效果考评机制，从培训时长、培训测评、问题解决效果等方面测试培训效果，并将考评结果与从业资质挂钩，从而提升培训的有效性。

9.2.4　尝试建立有利于激发企业家精神的组织模式

如前所述，企业家才能对新型农业经营主体发展具有积极促进作用。除了从外部制度环境构建方面激发企业家创新冒险精神外，还应从新型农业经营主体内部组织模式优化着手，建立起有利于培育农业企业家才能的新型农业经营主体组织模式。

一、实行商业判断规则激发企业家精神

新型农业经营主体行动深受社会结构制约[①]。血缘型、亲缘型、地缘型社会资本一方面的确能增强农民专业合作社社员、家庭农场成员等新型农业经营主体内部个体间的凝聚力，调动乡村治理精英参与新型农业经营主体建设，实现"资本充裕"和"动员协调"结合，节约交易成本。但亲戚乡亲之间的情感牵绊容易影响农业企业家决策的理性，在一定程度上改变其承担风险的行为倾向。担当冒险精神的缺位必然影响家庭农场等新型农业经营主体的收益，最后使新型农业经营主体成为"僵尸企业"等。商业判断规则从诞生起就与勤勉义务联系在一起，因为"谨慎职责是一次持续的长途跋涉，而在某个岔口从谨慎职责引出了对商业判断规则的询问"。[②]勤勉义务指决策人应当谨慎地处理公司义务[③]，商业判断规则则用于判断企业家是否勤勉履职。在由熟人构成的新型农业经营主体内部实行商业判断规则是用理性的治理规则来代替熟人社会

---

① 孙远宏.乡村振兴背景下新型农业经营主体的组织模式与行动逻辑[J].江海学刊，2022（5）:97-111.

② 丁丁.商业判断规则研究[M].吉林：吉林人民出版社，2004.

③ 任自力.公司董事的勤勉义务标准研究[J].中国法学，2008（6）:141-145.

的情感治理模式，从而敦促农业企业家积极履责，果断决策，促进家庭农场、合作社等新型农业经营主体发展，从而为新型经营主体内部成员正确看待并共同承担决策风险提供了制度基础。

二、合理设计新型农业经营主体内部结构

近年来，我国新型农业经营主体数量迅速增长，但整体规模较小。未来如何处理规模化发展和农业企业家才能培育问题需要合理设计新型农业经营主体内部结构。一是要建立适应市场需求的生产经营管理模式。未来智能化时代要求企业能够更加迅速地捕捉信息、分析信息，提高对市场变化的反应能力。在新型经营主体内部建立扁平化的管理结构。较之传统垂直化组织结构，扁平结构能够缩短信息传递距离，变一对多的信息传递方式为一对一的传递方式，减少信息传递的中间层级，更快捷准确地传递信息。二是组建经营团队。遴选专业知识和实践技能互补的团队成员，根据团队成员专业优势明确团队成员分工。三是在团队中引用企业管理模式。结合团队实际情况建立规章管理制度，制度建立需遵循兼顾公平与效率、切实可行、威信并重、推陈出新等原则[①]。四是建立良好的团队沟通机制。良好沟通是保持团队凝聚力的重要途径，有利于创造积极向上的团队氛围。在企业发展的不同时期，沟通能聚焦于不同问题发挥积极功能。例如在创业初期，畅通的沟通机制能增强团队成员的凝聚力。在企业发展期，多元化的沟通机制有助于企业决策者全面搜集信息。

---

① 王学良.企业团队管理研究 [J].沿海企业与科技，2013（4）:34-35.

参考文献

外文文献

1. Casson M.,The comparative organisation of large and small firms: An information cost approach[J].Small Business Economics, 1996, 8（5）:329-345.

2. Coase R.H.,The Nature of the Firm[J].Economica, 1937, 4（16）: 386-405.

3. Covin J. G.,Slevin D.P.,A Conceptual Model of Entrepreneurship as Firm Behavior[J].Social Science Electronic Publishing, 1991, 16（1）.

4. Hutzschenreuter T, Kleindienst I .Strategy-Process Research: What Have We Learned and What Is Still to Be Explored[J].Journal of Management, 2006, 32（5）:673-720.

5. Jacobson A.R., The Value Relevance of Brand Attitude in High-Technology Markets[J].Journal of Marketing Research（JMR）, 2001, 38（4）:485-493.

6. Kotler P.M., arketing management:analysis, planning, implementation, and control[J].Prentice-Hall, 1997.

7. Lumpkin G.T., Dess G G. Clarifying the Entrepreneurial Orientation Construct and Linking it to Performance[J].Academy of Management Review, 1996, 21（1）:135-172.

8. Robert F. Hébert, Link A.N., The Entrepreneur as Innovator[J].Journal of Technology Transfer, 2006, 31（5）:589-597.

9. Walsh G., Mitchell V. W., Consumers' Intention to Buy Private Label Brands Revisited[J]. Journal of General Management, 2010, 35（3）: 3-24.

10. Williamson O.E.,Market and Hierarchies:Analysis and Antitrust Implcations[J].New York:Free Pres,1975.

中文文献

专著类

1. 彼得·德鲁克著；蔡文燕译. 创新与企业家精神 [M]. 北京：机械工业出版社 , 2019.

2. 德鲁克（Drucker, P.F.）著；王永贵译. 管理·使命·责任·实务 [M]. 北京：机械工业出版社 , 2006.

3. 费孝通著 . 乡土中国 [M]. 北京：北京出版社 , 2009.

4. 弗兰克·H. 奈特著；安佳译 . 风险、不确定性与利润 [M]. 北京：商务印书馆 , 2017.

5. 哈里·兰德雷斯，大卫·C. 柯南德尔著；周文译 . 经济思想史 原书第 4 版 [M]. 北京：人民邮电出版社 , 2011.

6. 赫苏斯·韦尔塔·德索托著；朱海就译 . 奥地利学派经济学经典译丛 经济学的新探索 [M]. 上海：上海财经大学出版社 , 2021.

7. 柯兹纳著；刘业进译 . 竞争与企业家精神 [M]. 杭州：浙江大学出版社 , 2013.

8. 路德维希·冯·米塞斯著；梁小民译. 经济学的认识论问题 [M]. 北京：经济科学出版社，2001.02.

9. 马克思著；中共中央马克思，恩格斯，列宁，斯大林著作编译局译. 资本论：第 1 卷 [M]. 北京：人民出版社，2018.

10. 马歇尔著；朱攀峰，徐宏伟编译. 经济学原理 [M]. 北京：北京出版社，2012.

11. 钱德勒；重武译. 看得见的手 [M]. 北京：商务印书馆，1987.

12. 让·巴蒂斯特·萨伊总主编；赵康英等译. 政治经济学概论 [M]. 北京：华夏出版社，2017.

13. 张维迎著. 企业理论与中国企业改革 [M]. 上海：上海人民出版社，2015.

14. 约瑟夫·熊彼特著；何畏等译. 经济发展理论 [M]. 北京：商务印书馆，2017.

15. 西奥多·W. 舒尔茨；姚志勇等译. 报酬递增的源泉 [M]. 北京：北京大学出版社，2001.

16. 约翰·斯图亚特·穆勒著；金镝，金熠译；晏智杰主编. 政治经济学原理 [M]. 北京：华夏出版社，2017.

17. 丁丁. 商业判断规则研究 [M]. 吉林：吉林人民出版社，2004.

18. 理查德·坎蒂隆著；余永定，余寿冠译. 商业性质概论 [M]. 北京：商务印书馆，2017.

19. 刘常勇. 创业管理的 12 堂课 [M]. 北京：中信出版社，2002.

期刊文章类

1. 陈才庚. 马克思《资本论》中蕴含的企业家理论 [J]. 江西社会科学，2003（11）：51-54.

2. 陈春生. 中国农户的演化逻辑与分类 [J]. 农业经济问题，2007（11）：79-84+112.

3. 陈清明，马洪钧，谌思. 新型农业生产经营主体生产效率比较——基于重庆

调查数据的分析 [J]. 调研世界, 2014 (04): 38-42.

4. 陈淑玲, 侯代男. 新型农业经营主体的培育与农村地区经济转型升级问题研究 [J]. 农业经济, 2019 (07): 30-32.

5. 陈锡文. 把握农村经济结构、农业经营形式和农村社会形态变迁的脉搏 [J]. 开放时代, 2012 (03): 112-115.

6. 陈锡文. 构建新型农业经营体系刻不容缓 [J]. 中国合作经济, 2014 (01): 6-9.

7. 陈晓华. 大力培育新型农业经营主体——在中国农业经济学会年会上的致辞 [J]. 农业经济问题, 2014, 35 (01): 4-7.

8. 陈阳. 企业家才能的价值分析 [J]. 经济问题探索, 2000 (07): 84-89.

9. 杜梅萍. 培育新型农业经营主体——中国社科院学部委员张晓山解读 2013 年中央 1 号文件 [J]. 前线, 2013 (03): 57-60.

10. 杜鹰. 龙头企业在战略性结构调整中的地位和作用 [J]. 山东农业 (农村经济), 2003 (01): 9-11.

11. 方世敏, 王海艳. 农业与旅游产业融合系统演化机制研究 [J]. 湘潭大学学报 (哲学社会科学版), 2019, 43 (02): 63-68.

12. 高静, 张应良. 农户创业: 初始社会资本影响创业者机会识别行为研究——基于 518 份农户创业调查的实证分析 [J]. 农业技术经济, 2013 (01): 32-39.

13. 高晓溪, 段红飚. 我国农业公司经济绩效研究 [J]. 农村经济与科技, 2015, 26 (03): 106-107.

14. 高煦照. 农业企业家成长培育分析 [J]. 安阳工学院学报, 2016, 15 (03): 32-34.

15. 戈锦文, 孟庆良, 魏晓卓. 新型农业经营主体企业家才能结构与培育策略 [J]. 经济论坛, 2022 (05): 145-152.

16. 关付新. 中部粮食主产区现代粮农培育问题研究——基于河南省农户的分析 [J]. 农业经济问题, 2010, 31 (07): 69-77+111-112.

17. 郭庆海. 新型农业经营主体功能定位及成长的制度供给 [J]. 中国农村经济,

2013（04）：4-11.

18. 郭熙保，郑淇泽.确立家庭农场在新型农业经营主体中的主导地位 [J]. 山西农经，2014（01）：30-31.

19. 韩俊.引导农民走向新的联合与合作 [J]. 中国供销合作经济，2002（06）：20-22.

20. 韩文龙."技术进步—制度创新—企业家精神"的创新组合及其增长效应 [J]. 社会科学辑刊，2019（03）：202-212.

21. 何佳讯.品牌战略：从经理人主导迈向企业家主导 [J]. 清华管理评论，2022（09）：70-75.

22. 何军，朱成飞.新结构经济学视角下新型农业经营主体发育与农村土地流转方式选择——以江苏省为例 [J]. 东北师大学报（哲学社会科学版），2020（02）：45-53.

23. 何树贵.企业家：不确定性的决策者——奈特的企业家理论述评 [J]. 南京广播电视大学学报，2010（01）：108-111.

24. 何枭吟，焦成焕.制约农民企业家成长的因素与对策研究 [J]. 乡镇经济，2008（08）：104-107.

25. 贺雪峰.当下中国亟待培育新中农 [J]. 人民论坛，2012（13）：60-61.

26. 胡必亮.稳定自给性小农 发展商业性大农 [J]. 山东农业（农村经济），2003（10）：1.

27. 胡浩，江光辉，戈阳.中国生猪养殖业高质量发展的现实需求、内涵特征与路径选择 [.J]. 农业经济问题，2022（12）：32-44.

28. 黄胜忠，伏红勇.成员异质性、风险分担与农民专业合作社的盈余分配 [J]. 农业经济问题，2014, 35（08）：57-64+111.

29. 黄祖辉，俞宁.新型农业经营主体：现状、约束与发展思路——以浙江省为例的分析 [J]. 中国农村经济，2010,（10）：16-26+56.

30. 贾敬敦.农业企业家要思考三大问题 [J]. 农经，2016（02）：30.

31. 姜奇平.重读奈特《风险、不确定性与利润》[J]. 互联网周刊，2019

（21）：70-71.

32. 姜长云 . 龙头企业与农民合作社、家庭农场发展关系研究 [J]. 社会科学战线，2018（02）：58-67.

33. 靳卫东，高波 . 企业家精神与经济增长：企业家创新行为的经济学分析 [J]. 经济评论，2008（05）：113-120.

34. 孔祥智，楼栋，何安华 . 建立新型农业社会化服务体系：必要性、模式选择和对策建议 [J]. 教学与研究，2012（01）：39-46.

35. 孔祥智，岳振飞，张琛 . 合作社联合的本质——一个交易成本解释框架及其应用 [J]. 新疆师范大学学报（哲学社会科学版），2018, 39（01）：100-106.

36. 雷以常 . 农业企业家的素质及培育方略初探 [J]. 南方经济，1998（04）：80-81.

37. 李炳坤 . 发展现代农业与龙头企业的历史责任 [J]. 农业经济问题，2006（09）：4-8+79.

38. 李华玲 . 基于农民企业家成长过程的农民教育模式探讨 [J]. 职业技术教育，2012, 33（13）：74-78.

39. 李靖 . 企业家和企业家精神：一个伦理维度上的诠释 [J]. 理论与改革，2004（01）：121-124.

40. 李泉 . 农业企业家缺位与培育问题刍议 [J]. 农业开发与装备，2009（09）：3-5.

41. 李尚勇 . 农民合作社的制度逻辑——兼谈其发展存在的问题 [J]. 农业经济问题，2011, 32（07）：73-81+112.

42. 李铜山，张迪 . 实现小农户和现代农业发展有机衔接研究 [J]. 中州学刊，2019（08）：28-34.

43. 李晓 . 企业家并非资本家——重评企业家理论史上的萨伊 [J]. 清华大学学报（哲学社会科学版），2021, 36（03）：192-204+210.

44. 梁洪学 . 激发释放企业家精神的制度环境——对企业家精神的再认识 [J]. 学习与探索，2019（02）：137-142.

45. 林乐芬，法宁. 新型农业经营主体融资难的深层原因及化解路径 [J]. 南京社会科学，2015（07）：150-156.

46. 凌鉴宇，毛金芬. 区块链金融环境下江苏省农村中小企业融资模式设计 [J]. 农村农业农民（B版），2023（05）：26-28.

47. 刘畅，邓铭，苏华清，蔡宇，张雪梅. 家庭农场经营风险测度及其影响因素研究 [J]. 农业现代化研究，2018，39（05）：770-779.

48. 刘畅，吕杰. 新型农业经营体系研究：知识图谱、理论框架构建与未来展望 [J]. 经济体制改革，2020（02）：74-79.

49. 刘德骥. 关于发展农村"大户经济"的调查 [J]. 四川行政学院学报，2004（02）：100-104.

50. 刘进，揭筱纹. 企业家战略领导能力解构研究述评 [J]. 江南大学学报（人文社会科学版），2011，10（02）：64-69.

51. 刘竞，傅科. 信息不对称下零售商自有品牌引入问题研究 [J]. 管理科学学报，2019，22（09）：39-51.

52. 刘胜中. 浅析农业企业家发展制约因素与对策 [J]. 湖南农业科学，2014（16）：65-66+70.

53. 刘同山，孔祥智. 小农户和现代农业发展有机衔接：意愿、实践与建议 [J]. 农村经济，2019（02）：1-8.

54. 刘伟章. 中国亟需培育一大批农业企业家 [J]. 湖北经济学院学报，2008，6（06）：16-19.

55. 刘智勇，姜彦福. 新创企业动态能力：微观基础、能力演进及研究框架 [J]. 科学学研究，2009，27（07）：1074-1079.

56. 楼栋，孔祥智. 新型农业经营主体的多维发展形式和现实观照 [J]. 改革，2013（02）：65-77.

57. 芦千文. 现代农业产业化联合体：组织创新逻辑与融合机制设计 [J]. 当代经济管理，2017，39（07）：38-44.

58. 陆梦秋. 乡村振兴战略下的现代农业创新发展研究 [J]. 农村经济与科技，

2019, 30（05）：32-33+138.

59. 罗必良 . 农业经济组织的效率决定——一个理论模型及其实证研究 [J]. 学术研究，2004（08）：49-57.

60. 吕邈马贝 . 农业企业家对农业现代化的推动作用及其培育 [J]. 中国农业会计，2018（01）：32-35.

61. 马彦丽，胡一宁，郗悦平 . 中国农民专业合作社的异化及未来发展 [J]. 农村经济，2018（05）：104-109.

62. 苗青，王重鸣 . 企业家能力：理论、结构与实践 [J]. 重庆大学学报（社会科学版），2003（01）.

63. 倪新兵，宋学义 . 试论马克思分工理论对斯密分工理论的超越——基于共同富裕的视角 [J]. 宁夏社会科学，2022（03）：38-43.

64. 聂辉华 . 契约理论的起源、发展和分歧 [J]. 经济社会体制比较，2017（01）：1-13.

65. 欧春梅，邵砾群 . 新型农业经营主体技术效率研究综述与展望 [J]. 北方园艺，2019（06）：187-192.

66. 庞长伟，李垣 . 制度转型环境下的中国企业家精神研究 [J]. 管理学报，2011, 8（10）：1438-1443.

67. 彭莹莹 . 农民专业合作社企业家及成长因素研究综述 [J]. 中国农学通报，2010, 26（17）：439-442.

68. 彭越 . 培育新型农业经营主体，发展适度规模经营的现状、问题与对策——以河北省唐山市为例 [J]. 农业开发与装备，2019（09）：19+36.

69. 王烈 . 企业家能力结构的社会学分析 [J]. 华东经济管理，2001（03）：67-69.

70. 钱立宇 . 培养农村经济开发的引领者—农业企业家 [J]. 市场周刊（理论研究），2011（04）：135+40.

71. 乔凤岐 . 制约农民企业家发展的因素与对策 [J]. 传承，2010（12）：22-23.

72. 曲延春，王成利．政策演进与乡村治理四十年：1978—2018—以中央一号文件为基础的考察 [J]．学习与探索，2018（11）：66-74.

73. 邵科，段晋苑．新型农业经营体系的内涵、特征与构建对策 [J]．上海农村经济，2014（02）：15-17.

74. 孙迪亮．农民合作社：走中国特色农业现代化道路的重要选择 [J]．经济问题探索，2010（08）：135-138.

75. 谭丽平．强壮龙头企业 发展现代农业 [J]．江苏农村经济，2015（02）：58-59.

76. 仝爱华，姜丽丽．金融支持新型农业经营主体发展建议 [J]．合作经济与科技，2016（19）：3.

77. 汪丁丁．企业家的精神 [J]．今日科技，2002（3）：3.

78. 汪发元．中外新型农业经营主体发展现状比较及政策建议 [J]．农业经济问题，2014，35（10）：26-32+110.

79. 汪涛，郭锐．中国企业品牌战略决策影响因素研究——环境不确定性、企业家导向和组织能力 [J]．武汉大学学报（哲学社会科学版），2008（06）：852-856.

80. 汪艳涛，高强，苟露峰．农村金融支持是否促进新型农业经营主体培育——理论模型与实证检验 [J]．金融经济学研究，2014，29（05）：89-99.

81. 王春来．发展家庭农场的三个关键问题探讨 [J]．农业经济问题，2014，35（01）：43-48.

82. 王凤．旺苍县新型农业经营主体发展现状及对策研究 [J]．四川农业与农机，2023（02）：63-64.

83. 王建华，李俏．我国家庭农场发育的动力与困境及其可持续发展机制构建 [J]．农业现代化研究，2013，34（05）：552-555.

84. 王生斌，王保山．农民合作社带头人的"企业家精神"：理论模型与案例检验 [J]．中国农村观察，2021（05）：92-109.

85. 王文龙．中国农业经营主体培育政策反思及其调整建议 [J]．经济学家，

2017（01）：55-61.

86. 王鑫. 基于委托代理理论的政府对农业龙头企业激励策略 [J]. 江西社会科学，2014, 34（03）：46-51.

87. 王岩，杨俊孝. 龙头企业带动型农业产业化经营的风险及其防范——基于新疆玛纳斯县的调查 [J]. 广东农业科学，2012, 39（06）：186-189.

88. 温思美，黄冠佳，李天成. 现代契约理论的演进及其现实意义——2016 年诺贝尔经济学奖评介 [J]. 产经评论，2016, 7（06）：5-11.

89. 吴厚庆. 论土地承包经营权流转后的农业企业家队伍建设 [J]. 湖南社会科学，2008（06）：117-119.

90. 吴金龙，李华康，阮冬秀. 阜阳市新型农业经营主体发展现状及对策 [J]. 现代农业科技，2023（05）：198-200+204.

91. 吴丽娟. 培育农业企业家的机会和障碍分析 [J]. 河南商业高等专科学校学报，2012, 25（04）：62-64.

92. 谢玉梅，孟奕伶. 新型农业经营主体发展研究综述 [J]. 江南大学学报（人文社会科学版），2015, 14（05）：69-76.

93. 熊金武，窦艳杰. 约瑟夫·熊彼特：企业家精神的理论奠基者 [J]. 金融博览，2021（01）：68-69.

94. 徐朝华. 从资源与团队能力视角看企业战略决策方向 [J]. 中国市场，2010（46）：69-72.

95. 徐宏潇，赵硕刚. 农民专业合作社发展的制约因素与政策建议 [J]. 宏观经济管理，2015（01）：48-49+52.

96. 徐炜锋，阮青松，王国栋. 私营企业家外部环境风险感知与企业创新投入 [J]. 科研管理，2021, 42（03）：160-171.

97. 杨国玉，武小惠. 农业大户经营方式：中国农业第二个飞跃新路径 [J]. 福建行政学院福建经济管理干部学院学报，2004（03）：12-16+79.

98. 杨继瑞，薛晓，汪锐. "互联网＋现代农业"的经营思维与创新路径 [J]. 经济纵横，2016（01）：78-81.

99. 尹志刚,李炜.谈现代农业企业家的素质培养 [J].财金贸易,2000（05）:59-60.

100. 岳正华,杨建利.我国发展家庭农场的现状和问题及政策建议 [J].农业现代化研究,2013,34（04）:420-424.

101. 詹孟于,曾子涵,刘金彬.新型农业经营主体的会计职能需求及其体系构建 [J].河北经贸大学学报,2020,41（06）:94-100.

102. 张道明,乔宝建.河南省新型农业经营主体发展情况、存在问题及建议 [J].农村·农业·农民（B版）,2013（10）:51-52.

103. 张海鹏,曲婷婷.农地经营权流转与新型农业经营主体发展 [J].南京农业大学学报（社会科学版）,2014,14（05）:70-75+83.

104. 张红宇,杨凯波.我国家庭农场的功能定位与发展方向 [J].农业经济问题,2017,38（10）:4-10.

105. 张红宇.乡村振兴战略与企业家责任 [J].中国农业大学学报（社会科学版）,2018,35（01）:13-17.

106. 张红宇.新型农业经营主体发展趋势研究 [J].经济与管理评论,2015,31（01）:104-109.

107. 张怀英,原丹奇,周忠丽.企业家精神、社员自身能力与合作社绩效 [J].贵州社会科学,2019（05）:123-129.

108. 张建琦,郑新,章文心.企业家战略规划能力的构成及其影响的实证分析——以广东省中小民营企业为例 [J].南方经济,2008（03）:72-79.

109. 张青,华志兵.资源编排理论及其研究进展述评 [J].经济管理,2020,42（09）:193-208.

110. 张书军.企业家资源配置能力与企业成长 [J].经济体制改革,2003（05）:48-51.

111. 张新文,高啸.农业经营主体的类型比较、效益分析与进路选择 [J].现代经济探讨,2019（03）:101-107.

112. 张扬.试论我国新型农业经营主体形成的条件与路径——基于农业要素

集聚的视角分析 [J]. 当代经济科学, 2014, 36（03）：112-117+128.

113. 张照新, 赵海. 新型农业经营主体的困境摆脱及其体制机制创新 [J]. 改革, 2013（02）：78-87.

114. 赵炜. 基于企业创新能力的企业家能力研究——一个理论分析框架 [J]. 现代经济信息, 2011（24）：342-343.

115. 赵学刚, 谢君. 大学生联合领办 农民联合发展——记发展中的重庆蜀都蔬菜种植专业合作社 [J]. 中国农民合作社, 2011（05）：30-32.

116. 全国水产技术推广总站. 中国稻渔综合种养产业发展报告（2018）[J]. 中国水产, 2019（01）：20-27.

117. 周广竹. 新型农业经营主体的发展困境与调适策略 [J]. 农业经济, 2021（05）：17-18.

118. 周天. 湖北省新型农业经营主体发展现状及对策 [J]. 湖北农业科学, 2014, 53（16）：3952-3955.

119. 周腰华, 成丽娜. 新型农业经营主体组织模式与经营模式分析 [J]. 学术交流, 2019（07）：105-113.

120. 周应堂, 尹正丰. 农业企业家论 [J]. 江西农业学报, 2007（09）：141-144.

121. 朱启臻, 胡鹏辉, 许汉泽. 论家庭农场：优势、条件与规模 [J]. 农业经济问题, 2014, 35（07）：11-17+110.

122. 朱学新. 家庭农场是苏南农业集约化经营的现实选择 [J]. 农业经济问题, 2006（12）：39-42+80.

123. 朱玉春. 论职业型农业企业家的培育 [J]. 农业经济问题, 2000（04）：48-50.

124. 郜亮亮, 杜志雄, 谭洪业. 什么样的农场主在经营中国的家庭农场 [J]. 农业经济问题, 2020（04）：98-110.

125. 刘志远, 王存峰, 彭涛等. 政策不确定性与企业风险承担：机遇预期效应还是损失规避效应 [J]. 南开管理评论, 2017, 20（06）：15-27.

126. 张宗毅，杜志雄.农业生产性服务决策的经济分析——以农机作业服务为例 [J]. 财贸经济,2018,39（04）:146-160.

127. 张天佐.内强素质外强能力推进新型农业经营主体高质量发展 [J]. 中国农民合作社期刊,2023（4）.

128. 付玉秀，张洪石.不同阶段的创业企业家代理风险及管理机制 [J]. 财经研究，2003（10）：20-25.

129. 李维安，王辉.企业家创新精神培育：一个公司治理的视角 [J]. 南开经济研究，2003（2）：56-59.

130. 戈锦文，孟庆良，魏晓卓.新型农业经营主体企业家才能结构与培育策略 [J].经济论坛，2022（5）:145-152.

131. 孙远宏.乡村振兴背景下新型农业经营主体的组织模式与行动逻辑 [J].江海学刊，2022（5）:97-111.

132. 任自力.公司董事的勤勉义务标准研究 [J]. 中国法学,2008（6）:141-145.

133. 王学良.企业团队管理研究 [J].沿海企业与科技，2013（4）:34-35.

134. 陈柏峰.乡村振兴战略背景下的村社集体：现状与未来 [J].武汉大学学报（哲学社会科学版）,2018,71（03）:154-163.

135. 武爱玲.建国后我国农村五次土改之比较 [J].农业经济,2011（06）:20-22.

136. 施从美.当代中国文件治理变迁与现代国家成长—以建国以来中央颁发的土地文件为分析视角 [J].江苏社会科学,2010（01）:97-104.

137. 陈海秋.改革开放前中国农村土地制度的演变 [J].宁夏社会科学,2002（05）:24-31.

138. 赵婉晴.论土地流转是新农村建设的必然选择 [J].现代农业科技,2009（03）:268.

139. 黄博.乡村振兴战略下农民专业合作社的发展路径研究 [J].经济体制改革,2020（05）:73-79.

140. 董洁，任伟，沈传亮．二〇一八年中共党史研究综述 [J]．中共党史研究，2020（03）:134-149.

141. 肖放．新形势下稻渔综合种养模式的探索与实践 [J]．中国渔业经济，2017,35（03）:4-8.

142. 中国稻田综合种养产业技术创新战略联盟成立 [J]．渔业致富指南，2016（22）:10.

期刊报纸类

1. 中共中央关于全面深化改革若干重大问题的决定 [N]．人民日报，2013-11-16（001）．

2. 中共中央关于推进农村改革发展若干重大问题的决定 [N]．人民日报，2008-10-20（001）．

3. 习近平．高举中国特色社会主义伟大旗帜 为全面建设社会主义现代化国家而团结奋斗 [N]．人民日报，2022-10-26（001）．

4. 胡锦涛．坚定不移沿着中国特色社会主义道路前进 为全面建成小康社会而奋斗 [N]．人民日报，2012-11-18（001）．

5. 郭芸芸，王振东，胡冰川，王景伟，王允．2022 中国新型农业经营主体发展分析报告（一）[N]．农民日报，2022-12-28（004）．

6. 高杨，王军，魏广成，孙艺荧．2021 中国新型农业经营主体发展分析报告（一）[N]．农民日报，2021-12-17（004）．

7. 彭超，杨久栋．2018 中国新型农业经营主体发展分析报告（二）[N]．农民日报，2018-02-23（004）．

8. 习近平．关于《中共中央关于全面深化改革若干重大问题的决定》的说明 [N]．人民日报，2013-11-16（001）．

9. 郑义，王明珠，朱其志，李新苗．江苏农牧科技职业学院创新"三协同、四结合、五优化"育人体系 [N]．中国教育报，2023-3-9（08）．

10. 重庆蜀都蔬菜种植股份合作社 [N]．重庆黄页．

11. 肖勇, 冯星杰, 廖琴. 产业: 现代农业的支撑 [N]. 广安日报,2007-12-04（001）.

12. 重庆市璧山区统计局. 2020 年璧山区国民经济和社会发展统计公报 [EB/OL].

13. 包明齐. 深入贯彻新发展理念全面推进乡村振兴 [N]. 光明日报,2023-07-04（06）.

学位论文类

1. 吴彩云. 论德鲁克创新文化思想 [D]. 山东师范大学,2014.

2. 许万紫. 奈特不确定环境下的不可逆投资决策 [D]. 上海财经大学,2022.

3. 朱雅琪. 荆州市农业企业家的创新精神研究 [D]. 长江大学,2020.

4. 胡源棣. 企业家精神、企业动态能力与中小企业创新绩效关系研究 [D]. 西南大学,2021.

5. 李迎. 基于企业家心智模式的企业战略决策能力研究 [D]. 天津大学,2013.

6. 王雅静. 企业家才能与新型农业经营主体发展研究 [D]. 扬州大学,2021.

7. 夏晗. 企业家精神、企业创新对企业成长的影响 [D]. 中南财经政法大学,2020.

8. 黄文武. 企业家精神视野中的大学革新 [D]. 南京师范大学,2021.

9. 王路瑶. 新型农业经营主体的培育机制与发展路径研究 [D]. 河北经贸大学,2022.